Dalla ricerca dell'immobile al suo acquisto

Primi passi nel mondo del Real Estate

Sommario

Dalla ricerca dell'immobile al suo acquisto 1
   Primi passi nel mondo del Real Estate 1
Introduzione 6
   L'evoluzione del mercato immobiliare italiano post pandemia 6
Capitolo 1 9
I primi passi nella ricerca di un immobile 9
   Come scegliere il giusto investimento da fare 9
   L'analisi del mercato 12
   Visitare l'immobile 14
Capitolo 2 19
Affidarsi a dei professionisti: scegliere da chi acquistare l'immobile
.... 19
   L'acquisto da privati 20
   L'acquisto tramite l'agenzia immobiliare 22
   La figura dell'agente immobiliare 31
   Consigli per trovare l'agenzia immobiliare giusta…e non avere brutte sorprese 32
Capitolo 3 37
Individuazione delle caratteristiche di un immobile 37
   Verificare le caratteristiche della casa che si vuole acquistare 38
   Conformità degli impianti, certificazione energetica e agibilità ... 40
   Verifica di abusi 44
   5 cose da valutare prima di acquistare un immobile 45
   Il condominio 49
Cos'è, definizione, leggi e regolamenti 49

    Condominio: cos'è?...49

    Parti comuni di un condominio 50

    Tipi di condominio 51

    Riforma del condominio 52

    Organi del condominio 53

    Regole condominiali 54

    Quali sono le spese condominiali....................................55

Capitolo 4 60

La compravendita dell'immobile 60

    La trattativa: la fase di negoziazione o fase precontrattuale 64

    La proposta di acquisto 65

    Il contratto preliminare 72

    Il rogito notarile..81

    Tutti i documenti utili 91

Capitolo 5 98

Consigli, suggerimenti e segreti 98

    Le agevolazioni per l'acquisto di un immobile 98

    Come, quando e se negoziare sul prezzo d'acquisto.................104

    5 consigli per negoziare l'acquisto di una casa..........106

Conclusioni 110

    Appendice 112

        Glossario 112

    Biografia 139

Non si dovrebbe mai vivere se si hanno tanti soldi e nessun sogno per cui spenderli...

Sperare nella fortuna non ti farà arrivare mai al successo...

Introduzione

L'evoluzione del mercato immobiliare italiano post pandemia

Lo scenario macroeconomico, fondamentale per comprendere il quadro entro cui si muove il mercato immobiliare del Paese, restituisce un'immagine di forte ottimismo. l'Italia è una delle poche economie avanzate, insieme alla Cina e agli Stati Uniti, ad aver registrato un primo trimestre positivo per quanto riguarda il PIL, addirittura superando la media UE. Inoltre, su base annuale, è prevista una crescita maggiore rispetto alla Germania. Altri segnali positivi sono rappresentati dall'inflazione, rimasta stabile, e dallo sviluppo della produzione industriale, percentuale in rialzo per il quinto mese consecutivo. Allo stesso tempo migliora il clima di fiducia da parte dei consumatori e delle imprese.

Nonostante il predominante clima di fiducia permangono alcuni elementi di rischio. I principali sono il tasso di occupazione, che in Italia non è aumentato nonostante la ripresa economica (senza considerare la preoccupazione rispetto allo sblocco dei licenziamenti), e il fenomeno della povertà: oltre 2 milioni di famiglie si trovano in povertà assoluta. Il miglioramento delle prospettive sta infatti influenzando le decisioni di consumo e d'investimento delle famiglie, aumentando la propensione all'acquisto immobiliare. Le intenzioni d'acquisto (si tratta, in particolare, di acquisto della prima casa o sostituzione della stessa) hanno subito un'impennata: si è passati da 2,4 milioni a 3,3 milioni di famiglie propense a investire nel settore immobiliare nell'ultimo anno. Tuttavia, solo circa 800 mila nuclei familiari sono effettivamente nelle condizioni di poter effettuare una transazione. Si tratta di un numero rilevante, se paragonato alle 558 mila compravendite dello scorso anno, ma decisamente più modesto rispetto al potenziale.

L'esuberanza che sta manifestando il mercato immobiliare si evince anche dalle transazioni stimate per quest'anno. Nel settore residenziale, infatti, si prevedono 650 mila compravendite per il 2021, una cifra addirittura superiore alle previsioni elaborate in periodo pre-Covid. Gli indicatori di performance del residenziale, sono positivi. Secondo gli agenti immobiliari, l'interesse degli italiani si sta nettamente spostando verso l'acquisto di una abitazione in proprietà, prevalente rispetto all'affitto. Il 62% della domanda (6 punti percentuali in più rispetto all'anno precedente) è rappresentata da persone che desiderano comprare una casa e l'età media degli acquirenti è inferiore ai 45 anni.

Nel 2020 il numero di contratti di locazione delle abitazioni è stato pari a 1,3 milioni, -8,8% rispetto al 2019. Sebbene in generale prevalgano i contratti di tipo ordinario sul territorio nazionale, nei comuni ad alta tensione abitativa sale la componente dei contratti a canone agevolato.

L'obiettivo di questo libro è quello di guidarti nella ricerca dell'immobile giusto: imparerai i segreti del mestiere, scoprirai come valutare un'immobile, trovare il giusto compromesso, capire cosa può essere un vero affare e da quali immobili stare alla larga.

È una guida che non vuole fare promesse, ma solo farti aprire gli occhi: il mondo immobiliare è un oceano pieno di squali ma, dopo questa lettura, avrai tutte le carte in regola per navigare a vele spiegate.

Buona lettura.

Capitolo 1

I primi passi nella ricerca di un immobile

Come scegliere il giusto investimento da fare

State pensando di investire nel settore immobiliare? Avete già preso in considerazione un immobile o state ancora valutando le tendenze del mercato? Siete sicuri di avere di fronte un immobile adatto alle vostre reali potenzialità?

Quando decidete di investire nel settore immobiliare, per acquistare o vendere una casa di proprietà, dovete porvi una serie di domande. Dopo tutto, non si tratta di un piccolo investimento. Ci sono molti modi per investire nel settore immobiliare. Potreste decidere di sfruttare una casa che già possedete, ma in altri casi è necessario effettuare un acquisto iniziale. Qualunque sia l'investimento che volete fare, dovete vagliare una serie di elementi, soprattutto per quanto riguarda il mercato e il comportamento degli altri. Ecco tutti gli aspetti da considerare quando si decide di investire in un immobile.

1. I Millennial si basano sul mondo online

I Millennials sono i nati tra il 1981 e il 1996. Si tratta di persone già ventenni ma ancora quarantenni, in quel momento della vita in cui si iniziano a prendere le decisioni più importanti. Questi giovani sono già alla ricerca di un lavoro stabile, di una famiglia e di un desiderio di stabilità. Sono quindi sempre più motivati ad acquistare una casa accendendo un mutuo invece di pagare l'affitto. Se avete intenzione di investire nel settore immobiliare vendendo un edificio che avete ristrutturato appositamente o affittando un edificio di vostra proprietà, dovreste assolutamente prendere in considerazione questo segmento della popolazione, sia che decida di acquistare o affittare. Questo perché i millennial hanno comportamenti molto specifici. Mentre le persone delle generazioni precedenti cercavano informazioni sulle case in affitto o in vendita in un'agenzia immobiliare, ora gli agenti si sono spostati online. Ed è qui che i giovani fanno ricerca. Se volete vendere o affittare oggi, dovete assicurarvi che i vostri annunci siano ben visibili sui siti web di acquisto più affidabili. Casa.it o Immobiliare.it sono alcuni di questi. Oltre a questi due siti web, ve ne sono molti altri che permettono all'utente di filtrare le informazioni per trovare la proprietà che sta cercando.

2. A quanto ammonta il debito rispetto al reddito?

Investire in immobili significa anche comprare una casa per sé, investendo in un bene protetto, che poi si tiene come prima casa o si rivende anni dopo. Il metodo più rapido è quello di chi ha già abbastanza denaro da investire e vuole creare ricchezza patrimoniale con valore intrinseco. D'altra parte, se non avete tutti i soldi? La strada si allunga. In questo caso, dovrete necessariamente accendere un mutuo per acquistare l'immobile. Ma attenzione, perché la scelta del mutuo giusto è fondamentale per non rimanere paralizzati dal debito che dovrete rimborsare. Potete scegliere tra mutui al 100%, mutui a fondo perduto o mutui prima casa se si tratta del vostro primo investimento domestico. Come regola generale, le rate del mutuo non dovrebbero mai superare il valore del vostro stipendio di oltre il 30%, ma è giusto fare qualche calcolo prima di indebitarsi per diversi anni.

3. Investite in immobili mono o bifamiliari?

Concentriamoci di nuovo sugli acquisti. Avete un po' di soldi da parte e volete fare un buon investimento che sia redditizio per voi e per alcuni dei vostri parenti. Ci sono molti tipi di case in vendita e spesso dobbiamo decidere se acquistare una casa monofamiliare o una bifamiliare. Forse in quel momento avete bisogno di acquistare una casa bifamiliare per motivi personali. Ma attenzione a pensare anche a cosa succederà dopo la vendita. Se volete recuperare il vostro investimento nell'immobile vendendolo domani, trovare acquirenti per una casa bifamiliare può essere più difficile. Anche se volete vendere solo la vostra metà della casa, al momento della vendita dovete tenere conto dei diritti degli inquilini dell'altra metà. Nonostante le aree utilizzate da entrambi possano essere il risultato di decisioni prese quando ancora vivevano lì. In sostanza, rivendere una casa unifamiliare è più facile che vendere una bifamiliare.

4. Valutare il mercato immobiliare prima di investire in una proprietà.

Quando si decide di investire nel settore immobiliare, è necessario fare molte riflessioni di base: qual è lo stato del mercato immobiliare? I valori di mercato fluttuano, le aree e le case possono guadagnare e perdere valore. Una casa è un investimento molto costoso e deve essere valutato con attenzione. Se vi trovate in un momento in cui l'acquisto è vantaggioso, non dovreste pensarci due volte. Inoltre, prima di investire in un immobile, dovreste sempre chiedervi se sia più popolare l'acquisto o l'affitto. Potreste avere una bella proprietà disponibile, ma decidere di venderla perché nel vostro Paese la maggior parte delle persone sceglie di affittare. È quindi opportuno valutarlo in anticipo per evitare di perdere tempo e denaro inutilmente.

5. Volete avere un reddito passivo o cercate una liquidità immediata?

Investire in immobili per ottenere liquidità significa scegliere tra vendere la casa a titolo definitivo o affittarla. In questo caso, vi trovate di fronte a un bivio: volete godere di un reddito passivo o volete ottenere tutto il denaro immediatamente? Dipende. Se avete esigenze urgenti e dovete effettuare spese o pagamenti consistenti, la soluzione della vendita può essere sicuramente vantaggiosa. Tuttavia, non importa quanto sia alto il prezzo di vendita, il denaro che si ottiene è. Altrimenti, reddito passivo significa che ogni mese ricevete un certo importo sul vostro conto senza dover fare nulla di particolare, se non trovare inquilini che affittino la vostra casa. A questa seconda scelta ne seguono ovviamente altre relative alla scelta degli inquilini, alla durata del contratto, al pagamento della manutenzione dell'immobile, ecc. Si tratta di una decisione che dipende esclusivamente da voi e dalle vostre esigenze, ma è una buona idea porsi questa domanda prima di investire in un immobile.

L'analisi del mercato

Siete convinti che un'analisi comparativa del mercato sia davvero necessaria? L'Italia è teatro di un mercato immobiliare complesso, e in tale scenario è fondamentale che la valutazione sia il più possibile oggettiva. Chi vende vuole farlo il più rapidamente possibile, o almeno in tempi ragionevoli, e ottenere il miglior profitto che il mercato può offrire. Per raggiungere questo obiettivo, è necessario adottare una serie di misure, tra cui la giusta domanda economica è fondamentale. Abbiamo detto che questo è il miglior profitto che il mercato può offrire. È vero: è il mercato che stabilisce il prezzo di un immobile ed elimina quelli con dati non realistici. Il prezzo non può essere improvvisato, né può essere ipotizzato sulla base di considerazioni personali, emotive o utopistiche. Il prezzo è il risultato di una serie di dati oggettivi raccolti e analizzati per determinare un valore il più possibile vicino alla realtà del mercato. Questa analisi è il punto di partenza per qualsiasi coinvolgimento nella vendita di un immobile. Per essere efficace, l'analisi deve tenere conto di tutte le variabili:

- L'area in cui si trova l'immobile;
- L'andamento del mercato nell'area in un periodo compreso tra 6 e 24 mesi;
- Un'analisi dei prezzi di immobili simili venduti nell'area, da fonti credibili come www.borsinoimmobiliare.it, Osservatorio Mercato Immobiliare (OMI), Agenzia delle Entrate, https://www.agentpricing.com.

L'analisi di questi dati mi permette di individuare il giusto segmento di mercato in cui collocare l'immobile. Dopo aver preso in considerazione tutte le caratteristiche specifiche dell'immobile, redigo una valutazione oggettiva e definitiva. Qual è il giusto prezzo di vendita per la vostra proprietà? Questo è il prezzo più alto che il mercato può accettare. È corretto affidarsi al fai-da-te quando si cerca il giusto prezzo di vendita di un immobile? Gli acquirenti di oggi hanno accesso a una grande quantità di informazioni grazie a Internet. Di conseguenza, possono distinguere validamente tra prezzi "equi" e non di mercato se hanno un forte desiderio di acquistare. Sì, questa è, a tutti gli effetti, un'analisi di mercato comparativa, come la faccio io. Un'analisi che viene poi dimostrata anche sul campo, osservando le proprietà. Un'analisi che permette anche di valutare la vostra proprietà in modo imparziale, confrontandola con quelle che hanno visionato in precedenza. Un po' male, si potrebbe dire, "prima o poi troverò qualcuno che mi darà il numero che voglio". Può succedere ... Ma di solito non è così. Se il prezzo d'asta è superiore al valore di mercato, il numero di potenziali acquirenti si riduce, aumentando i tempi di una vendita che potrebbe anche non avvenire. Un'altra conseguenza: il ritardo nella vendita dell'immobile comporta anche una perdita economica. Secondo le statistiche, un immobile rimasto sul mercato per più di due anni può perdere fino al 30% del suo valore.

Visitare l'immobile

Visitare l'immobile è un passo molto importante quando si sceglie una casa da acquistare: vediamo quali sono le cose essenziali da controllare.

Prima di scegliere una casa e firmare il contratto, dovrete effettuare più di una visita di controllo per vedere l'immobile proposto. L'acquisto di una casa segue una procedura ben definita:

- In primo luogo, si effettua un'indagine di mercato per trovare un immobile che soddisfi le proprie esigenze;

- Poi si contatta il proprietario o l'agenzia incaricata della vendita;
- Infine, si organizza una visita.

La visita è forse la fase più importante per determinare lo stato di conservazione della casa e valutare l'entità degli interventi di manutenzione eventualmente necessari. Supponendo che la casa abbia la posizione, la zona e il prezzo desiderati, è solo attraverso una visita che si può davvero decidere l'acquisto.

1. Valutazione dell'esposizione e dell'orientamento durante la visita ispettiva

L'esposizione di una casa è fondamentale per la quantità di luce naturale e di calore che può entrare durante il giorno e nel corso dell'anno. Una casa ben illuminata e ventilata è sempre ben accetta, ma il momento della visita è fondamentale per una corretta valutazione di questo parametro. Pertanto, vi consiglio di non effettuare l'ispezione in giornate piovose o nuvolose e nel tardo pomeriggio quando c'è poco sole. Prestare attenzione alla distanza dagli edifici circostanti. I vicini troppo vicini possono rappresentare una minaccia per la vostra privacy, anche se si può ovviare a questo problema con recinzioni, siepi e tende. Non sottovalutate la vista dalle vostre finestre: se non è piacevole, non potrete farci nulla. Ascoltate attentamente i rumori esterni: una casa in un quartiere trafficato e rumoroso non è piacevole. Le più moderne finestre a doppio vetro possono essere d'aiuto, quindi non dimenticate di controllare i telai delle finestre e di assicurarvi che si chiudano bene. Per essere sicuri di trovarvi in un quartiere tranquillo, visitatelo in diverse ore del giorno e della notte e in diversi giorni della settimana per verificare, ad esempio, se i bar al piano terra sono aperti fino a tardi e se è facile parcheggiare.

2. Valutazione dello stato di conservazione durante la visita ispettiva

Durante la visita, ispezionate le pareti interne ed esterne della casa e il soffitto con gli occhi e cercate eventuali crepe. Può trattarsi di semplici crepe nell'intonaco dovute a micro vibrazioni dell'edificio o a diversi coefficienti di espansione termica dei materiali che ricoprono. Tuttavia, se le crepe sono di origine strutturale (ad esempio a causa di difetti nelle fondamenta), possono essere molto costose e pericolose da riparare. Eventuali crepe, discontinuità o irregolarità nel terreno possono indicare problemi statici legati alle condizioni del terreno. Nelle case antiche, lo stato del pavimento può essere determinato camminandoci sopra. I pavimenti in legno possono vibrare rapidamente se calpestati, ma se volete valutare se è necessario rinforzarli o addirittura sostituirli, consultate un professionista.

3. Controllate le condizioni dell'intonaco, della pittura e del tetto e chiedete informazioni sui materiali utilizzati.

Durante l'ispezione preliminare, controllate che il pavimento non presenti graffi, macchie e chiazze d'acqua che potrebbero indicare umidità di risalita o infiltrazioni. Questo può esser segnalato da un possibile odore di muffa. Se la casa è indipendente, ispezionare il tetto e verificare che non vi siano tegole allentate, rotte o mancanti. Controllate anche lo stato delle grondaie per verificare che non siano ostruite dalle foglie e che scarichino correttamente l'acqua piovana nei pluviali.

4. Valutare le condizioni degli impianti durante una visita ispettiva

Per verificare le condizioni dell'impianto idrico, aprite i rubinetti dei bagni e delle cucine e controllate la pressione e il colore dell'acqua. Se si prevede di ristrutturare o spostare un bagno, controllare la posizione della colonna di scarico per verificare se il lavoro sarà possibile. Interruttori e prese in cattive condizioni possono indicare la necessità di regolare l'impianto elettrico. Verificate anche se sono sufficienti o se è necessario rifornirli. Rivolgersi a un professionista vi permetterà anche di valutare se gli impianti sono a norma. Se si intende ristrutturare completamente la casa e cambiare la disposizione interna, questi aspetti saranno ovviamente meno importanti, poiché gli impianti dovranno essere completamente rinnovati. Tuttavia, se si acquista una casa pronta per essere abitata, è necessario verificare anche il corretto funzionamento dell'impianto di riscaldamento e di condizionamento. Scoprite quanti anni ha la caldaia, se ha bisogno di una revisione e dove si trova. Verificare se i camini sono presenti e utilizzabili.

5. Valutare le condizioni del giardino durante la visita ispettiva

Sia una casa indipendente che un appartamento in condominio possono avere un bel giardino. Se non siete abituati a curare le aree verdi o non avete tempo, valutate se questa è la proprietà giusta per voi. In particolare, osservate il tipo e il numero di piante presenti e la manutenzione regolare di cui hanno bisogno. Controllate anche le condizioni di eventuali alberi. Ad esempio, un albero molto vecchio può essere pericoloso o richiedere interventi costosi.

6. Perché chiamare un architetto per una visita ispettiva

Una volta scelta la casa adatta, vi consiglio di farvi accompagnare da un architetto per un sopralluogo precontrattuale. Tutti sono in grado di capire se una parete ha bisogno di essere ridipinta o se l'impianto elettrico è obsoleto, ma come si fa a capire se ci sono danni strutturali e se è possibile realizzare la ristrutturazione che si sogna? Una volta eseguiti tutti i controlli necessari, l'esperto incaricato vi fornirà una relazione che illustra gli eventuali problemi individuati, le azioni correttive necessarie e i costi associati. Una consulenza di questo tipo vi costerà circa 300-500 euro, ma avrà diversi scopi: - valutare i punti di forza e di debolezza della casa - esaminare le possibili ipotesi di ristrutturazione - fare delle controproposte al prezzo richiesto dal venditore - ordinare alcune riparazioni da effettuare prima dell'acquisto. Vale quindi la pena di investire una piccola somma nella parcella di un professionista.

Capitolo 2

Affidarsi a dei professionisti: scegliere da chi acquistare l'immobile

La scelta del professionista giusto è una fase molto delicata, che determina il successo della vendita o dell'affitto del vostro immobile. Si tratta di un compito impegnativo, dato l'elevato numero di professionisti che operano in questo settore. Dovrete mettervi nei panni del datore di lavoro e organizzare una serie di colloqui con coloro che avete contattato o che vi hanno contattato. Ecco i passi da seguire per individuare e scegliere l'agente immobiliare giusto per voi. Il colloquio deve svolgersi in due fasi.

Innanzitutto, verificate i requisiti del candidato. Pertanto, prestate particolare attenzione ai seguenti aspetti e siate molto esigenti nell'ottenere risposte chiare e dettagliate.

- Prima di tutto, assicuratevi che la persona che state intervistando sia regolarmente iscritta al Registro delle Imprese della Camera di Commercio e dell'Industria e al Registro REA degli Agenti di Commercio in Mediazione. Per essere sicuri che lo sia, chiedete sempre il numero di registrazione REA. Questo numero è preceduto dalla sigla della provincia in cui è stato sostenuto l'esame (ad esempio, se l'esame è stato sostenuto presso la Camera di Commercio di Firenze, il numero FI è ......).
- Ottenere dalla persona che avete di fronte un curriculum vitae che indichi la sua carriera, i settori in

cui ha lavorato, da quanto tempo lavora come agente immobiliare e con quali risultati.
- Scoprite se frequenta regolarmente corsi di formazione e di aggiornamento e chiedete se è in grado di produrre certificati che comprovino le sue affermazioni.
- Chiedere se ha ricevuto qualche riconoscimento speciale a livello di agenzia per i suoi risultati. Se lavora per un'agenzia immobiliare in franchising a livello nazionale o internazionale, se e quali premi ha ricevuto a livello nazionale e internazionale. L'azienda è solita riconoscere annualmente i migliori professionisti di questa struttura.

L'acquisto da privati

L'acquisto di una casa da un privato è uno dei tre modi in cui si può acquistare una casa; gli altri due modi sono direttamente dal costruttore o all'asta giudiziaria. Per acquistare una casa da un acquirente privato, potete rivolgervi a un'agenzia immobiliare o scegliere di "fare da soli", dalla scelta della casa al contatto con il potenziale venditore. Se vi rivolgete a un'agenzia, oltre ai costi che elencheremo tra poco, dovete aggiungere anche la percentuale riservata all'agente. Se decidiamo di acquistare una casa da una persona fisica senza ricorrere ai servizi di un'agenzia immobiliare, possiamo aspettarci di pagare i seguenti costi: il prezzo dell'immobile, un'imposta catastale pari al 9% del valore catastale, ridotta al 2% se si tratta di un acquisto come prima casa, un'imposta catastale e un'imposta ipotecaria di 50 euro ciascuna, il costo di un eventuale mutuo e l'onorario del notaio con cui stipulare il contratto.

Se avete intenzione di acquistare una casa da un privato, o anche se state acquistando da un'impresa di costruzioni, è consigliabile chiedere alcuni documenti all'attuale proprietario. Si verifica la conformità catastale dell'immobile e l'assenza di ipoteche. Così come la piena proprietà dell'immobile da parte della persona che propone la vendita. Questi controlli possono essere effettuati anche autonomamente tramite il sito dell'Agenzia delle Entrate, ma è consigliabile rivolgersi fin da subito a un professionista di fiducia. Tra i documenti da controllare ci sono la planimetria e, se possibile, il certificato dell'impianto energetico e di riscaldamento.

Una volta individuata la casa da acquistare e verificati i suoi requisiti "sulla carta", è consigliabile vederla "di persona". Durante la visita, può essere una buona idea esaminare alcuni dettagli importanti della casa, come l'impianto idraulico, le condizioni del pavimento, i servizi igienici, i possibili costi di ristrutturazione, nonché i dintorni: ci piace il quartiere? Siamo interessati a qualche servizio? Oppure si trova in una zona troppo rumorosa? Sono previsti interventi pubblici nel prossimo futuro? D'altra parte, la scelta della casa è una decisione molto importante e anche una spesa che rischia di impegnare finanziariamente noi e la nostra famiglia per molti anni (soprattutto se abbiamo intenzione di accendere un mutuo): sarebbe quindi opportuno prestare attenzione a tutti i dettagli, da quelli tecnici a quelli che potremmo definire più emotivi.

Se la casa e il quartiere superano questo test, è il momento delle trattative vere e proprie. Questo è uno dei principali vantaggi dell'acquisto privato: le trattative si svolgono senza mediazione - come nel caso di un'agenzia immobiliare - e possono essere particolarmente vantaggiose. D'altra parte, un'agenzia non solo può dare un contributo importante alla ricerca della casa perfetta, ma può anche aiutarci con la sua particolare competenza.

Se decidiamo di acquistare una casa da un privato, che sia la nostra prima o la nostra seconda casa, è fondamentale effettuare una verifica preliminare, come sempre accade quando si acquista o si vende un immobile. Collaborare con un notaio di fiducia già nella fase precontrattuale sembra essere la soluzione migliore, poiché in questo modo è possibile garantire la correttezza delle trattative e assicurarsi che tutto sia in ordine. Va tenuto presente che, in caso di compravendita, la scelta del notaio è di competenza dell'acquirente, che dovrà anche pagare le spese notarili sia per l'atto notarile che per l'eventuale mutuo, e che prima si coinvolge un professionista, prima ci si può assicurare che tutto sia in ordine, e quindi procedere con i contratti e i documenti in modo più sicuro e rilassato. D'altra parte, il consiglio di un notaio è sempre prezioso: ricordiamo che è con ogni probabilità il massimo esperto a cui possiamo rivolgerci per le questioni di sua competenza.

L'acquisto tramite l'agenzia immobiliare

Avete visto una casa in vendita su Internet e volete acquistarla? Avete paura di fare i passi sbagliati o, peggio ancora, di essere "fregati" dall'agenzia o dal venditore? Non avete idea di come comportarvi e di quali siano i passi fondamentali da compiere per avere una casa senza stress? Se avete risposto sì a queste domande, o ne avete in mente molte altre, sappiate che fate parte dell'80% delle persone. L'acquisto di una casa è un'operazione che una persona mediamente fa una o due volte nella vita, e ci sono molti passaggi che possono cambiare nel corso degli anni in base ai nuovi aggiornamenti legislativi.

In questa sede esamineremo l'aspetto dell'acquisto con un'agenzia: ciò significa che avete visto un annuncio su internet (immobiliare.it, idealista.it, casa.it, ecc.) pubblicizzato da un'agenzia e volete mettervi in contatto per cercare di acquistarlo. Per molte persone può essere fastidioso dover pagare così tanto denaro a un agente! Ma se un professionista si comporta così, non avete idea di quanti problemi possa risolvere.

Partiamo dalla premessa che, purtroppo, non esistono molte agenzie veramente professionali: ce ne sono molte il cui unico scopo è quello di vendervi una casa, senza "se" e senza "ma". Pertanto, potrebbero essere disposti a mentirvi o a non essere chiari pur di concludere l'affare. I consigli che vi offrirò in questa sede mirano proprio ad aumentare la vostra attenzione verso questo secondo tipo di agenzia e ad aiutarvi ad avere tutti gli strumenti necessari per andare avanti senza paura, anche se vi accorgete che qualcosa non va.

1. Pubblicità online e contatto con un'agenzia

State navigando su uno dei tanti portali immobiliari e finalmente trovate una casa che potrebbe interessarvi davvero. La casa è stata pubblicizzata solo da pochi giorni, il prezzo di partenza è buono, le foto sembrano promettenti, quindi si decide di acquistare. Controllate se ci sono più offerte per la stessa casa: a volte la stessa casa (anche con prezzi diversi!) può essere mostrata da più agenzie, il che può significare che il proprietario ha autorizzato più professionisti, ma a volte può significare che una di queste agenzie non è stata autorizzata a vendere la casa, o che la casa è usata in modo improprio! Come si può essere sicuri? A volte sulla base di fotografie (solo 2 o 3 o solo l'esterno), a volte sulla base di informazioni mancanti nell'annuncio, a volte sulla base del fatto che l'agente non ha documenti sull'immobile. Cercate sempre di chiamare il numero dell'agenzia indicato nell'annuncio invece di inviare un'e-mail. Perché vi sto dicendo questo? Il motivo è semplice: smistare le e-mail richiede tempo e spesso capita di non leggerle nemmeno, visto che ne arrivano a decine ogni giorno. Aspetti giorni e giorni e poi scopri che la casa che ti piaceva tanto è stata venduta senza che noi ti dicessimo nulla! Una buona agenzia ovviamente vi richiamerà presto, ma chiamate sempre se non volete perdere l'opportunità di vedere e acquistare una casa. Quindi chiamate sempre; se vi promettono di richiamarvi durante il giorno ma non lo fanno, richiamate finché non ottenete un appuntamento. Lo so, sembra assurdo, ma è una strategia efficace! Una volta che siete riusciti a parlare con l'agente, dopo un breve colloquio, questi può organizzare una visita all'immobile con voi.

2. Il colloquio

Questa è una fase molto delicata, in quanto si ha la possibilità di vedere la casa e di "studiare" l'agente e di incontrare il proprietario, se c'è. Il livello di attenzione, cura, precisione e cordialità dell'agente che percepite al primo incontro (o al primo contatto telefonico) sarà di solito lo stesso che riceverete in seguito in caso di trattative. Se l'agente è in ritardo, molto vago nelle informazioni ("Sì, vedi, non so quando è stata costruita, forse 1970 o 1985" - "la metratura è di 80-100 mq", ecc.) o sembra eccessivamente compiacente o strano, questo comportamento può riflettersi nelle seguenti transazioni: impiega diversi giorni per inviarti una e-mail, "gonfia" le caratteristiche della casa per farti venire l'acquolina in bocca, ecc. Durante la visita avrete anche la fortuna di vedere finalmente la casa dei vostri sogni! Controllate che le foto corrispondano all'annuncio, che le dimensioni della casa corrispondano ai metri quadrati pubblicizzati, ecc. Guardate sempre le pareti per verificare la presenza di umidità o muffa, date un'occhiata ai pavimenti e alle porte, al bagno... insomma, a tutto ciò che potrebbe essere importante. Cogliete l'occasione per chiedere direttamente al venditore/proprietario o all'agente se possono darvi una risposta:

- I motivi del trasferimento (quasi sempre rispondono onestamente, raramente li ho visti mentire);
- Come sono i vicini di casa;
- Quando l'attuale inquilino lascerà l'abitazione;
- La casa sarà ammobiliata? Se sì, gratuitamente, o se ne parlerà in seguito?
- Altre informazioni note solo all'agente.

Solo se si è veramente interessati alla casa, si devono esaminare anche gli annessi, ossia la cantina o la soffitta e il garage. Anche in questo caso, osservate bene gli spazi interni e anche il condominio (l'ordine delle aree comuni è un segno di eleganza e di ordine). Siete colpiti dalla casa che avete appena visto? Fate un respiro profondo, prendete da parte l'agente e ponetegli alcune semplici domande:

- Il prezzo è trattabile e per quanto? Se il prezzo della casa è davvero buono, non aspettatevi grandi sconti. Ma se il prezzo è davvero alto e l'agente non vuole essere preso per bugiardo, lo riconoscerà e vi darà la sua idea del valore di mercato, in base alla quale abbasserà qualsiasi offerta.
- Ci sono altre parti interessate? Più la casa è interessante per gli altri, più la visiteranno e prima se ne

andranno. Lui è certamente più esperto di voi nell'arte della vendita, e voi siete un passo indietro: tuttavia, con un po' di buon senso e di preparazione riuscirete a vedere la verità. Ad esempio, molte persone non guardano mai la data di pubblicazione di un annuncio: ci sono case la cui data può essere di diversi mesi o quasi un anno fa! Verificatelo e chiedetelo comunque all'agente: saprete subito se è onesto. A volte è possibile aggiornare la data di un annuncio semplicemente modificando i dettagli dell'annuncio, nel qual caso si può essere tratti in inganno. Se prima dovete vendere la casa (link qui), fatelo presente all'agente e discutete con lui alcune opzioni in anticipo. Chiedete un'immagine catastale della casa e una planimetria dopo la visita o in seguito. Se non ha nulla da nascondere, ve li invierà (magari con informazioni sensibili mascherate) o vi inviterà a visionarli in agenzia senza impegno. La planimetria verificherà che le condizioni della casa siano in linea con quelle della scheda catastale (questo è un altro nome per la planimetria). La visura catastale vi indicherà: chi sono i proprietari e i loro diritti sulla casa (pieni proprietari, usufruttuari, nudi proprietari, ecc.), i metri quadrati commerciali, l'origine della proprietà (nel nostro caso: vendita).

3. La verifica dei documenti e la proposta

Prima di iniziare a lavorare su una proposta con un agente, dovreste avere un'idea chiara almeno del prezzo e dei tempi entro i quali il contratto deve essere firmato: vedremo tra poco come affrontare questi punti in modo positivo e vincente, per "risparmiare", se possibile, migliaia di euro nella trattativa. Sì, alcune delle vostre azioni possono farvi risparmiare molto denaro! La fase che precede tutto è sicuramente l'ispezione documentale della casa. Per farlo, è sufficiente sapere che è necessario verificare: gli effettivi metri quadrati commerciali, l'origine dell'immobile, i documenti condominiali, altri documenti.

- I metri quadrati commerciali effettivi (spesso sono già indicati nella misurazione catastale), importanti perché questo fattore determinerà anche il prezzo offerto. Ad esempio, se l'annuncio indica 100 metri quadrati per un prezzo totale di 200.000 euro e si scopre che la casa è in realtà di 85 metri quadrati, l'offerta cambierà e la credibilità dell'agente ne risentirà sicuramente! Se l'agente vi mente, come è successo a me quando stavo cercando casa, prendete in considerazione l'idea di non continuare la trattativa: la menzogna professionale può nascondere un comportamento dannoso sia durante che dopo la fase di negoziazione. Vi fidereste di un bugiardo?
- L'origine dell'immobile: nella maggior parte dei casi, la casa è arrivata all'attuale proprietario attraverso una vendita (l'agente dovrebbe avere questo documento da mostrare). Può anche essere dovuta a eredità o ad altri motivi, ma è importante che il professionista possa mostrare il documento di origine. Se adduce scuse ("non ce l'ho ancora", "non è importante" o addirittura "è un documento privato"), non è un buon segno perché i venditori di solito possono trovarli facilmente. Molto importante: se la casa è stata regalata, assicuratevi che siano passati 20 anni dal trasferimento e in ogni caso consultate un professionista prima di procedere (se non un agente, che deve essere davvero bravo, anche un

notaio o un avvocato possono essere in grado di aiutarvi).
- Documenti condominiali: leggere l'ultimo verbale dell'assemblea, evidenziando eventuali lavori di emergenza o problemi del condominio. Ricordate che, per legge, il venditore è responsabile di tutti i costi dei lavori di emergenza già decisi in sede di riunione. Inoltre, date un'occhiata al bilancio consuntivo delle spese condominiali per verificare quanto pagherete realmente ogni mese: le troverete in semplici tabelle che elencano tutte le voci (proprietà, gestione, acqua, pulizia, ascensore, ecc.). Per quanto riguarda le altre informazioni, assicuratevi di chiedere all'agente anche questi dettagli (l'importo delle spese potrebbe essere già pubblicato nell'annuncio), magari durante la visita, e confrontateli con quanto vi dirà in seguito o con quanto leggerete nei documenti ufficiali. Si applica lo stesso principio di onestà: non ci devono essere bugie. Altri documenti: l'attestato di prestazione energetica (EPC) deve essere valido. Se tutti i documenti sono in ordine, si può procedere con la proposta. Dovete essere molto chiari sul prezzo massimo che volete offrire, e dovete anche ascoltare le ragioni dell'agente, ma essere consapevoli del valore nella zona. Tuttavia, tenete presente che se scegliete un'offerta troppo bassa, sapete che il venditore non l'accetterà, se non in rari casi; è quindi nel suo interesse spingervi verso il prezzo più basso che può essere negoziato, rendendo al contempo tale prezzo già "sicuro". Pertanto, verificate attentamente il valore dell'area e dell'edificio se ci sono altre abitazioni in vendita. Quanto più accuratamente determinerete il valore, tanto più risparmierete con la vostra proposta, poiché potrete calibrarla al meglio e

non lasciarvi ingannare dalle voci del classico agente che vuole solo vendere a qualsiasi prezzo.

Se l'agente è paziente, vi dà molti consigli e non vi fa pressione per concludere l'affare il prima possibile, è probabile che sia davvero interessato a guidarvi verso la migliore proposta possibile, anche se sta facendo il suo lavoro di "venditore". La migliore offerta possibile non è necessariamente quella con il prezzo più basso, ma quella che tiene conto anche di altre variabili come l'anticipo e i tempi, che devono essere incrociati con le esigenze del proprietario che vende la casa. Nel corso della proposta, inoltre, indicate quando volete versare l'acconto (sotto forma di caparra) e quando volete stipulare l'atto definitivo. Non dimenticate di ricordare all'agente se volete legare la proposta a un'ipoteca o meno: se i documenti dell'immobile sono in ordine e siete già sicuri di ottenere un'ipoteca, può essere consigliabile e utile non includere un'ipoteca nella trattativa, in modo che il proprietario sia più propenso ad accettarla. Queste sono tutte considerazioni che dovreste valutare prima di incontrare un professionista: la vostra preparazione vi aiuterà a limitare gli imprevisti e ad acquistare la vostra futura casa al miglior prezzo possibile. Questo vale anche se l'agente è onesto e diretto, e a maggior ragione se dimostra il contrario.

4. La commissione

Ogni professionista deve essere pagato per i suoi servizi. Esistono percentuali per le agenzie immobiliari che, nonostante il principio della libera contrattazione, si sono affermate come prassi. La percentuale normalmente richiesta per gli acquirenti è del 3%, ma in alcuni casi e in alcune grandi città sale al 4%, mentre nei comuni più remoti scende al 2%. In caso di dubbi, la Camera di Commercio competente tiene un registro delle percentuali di compravendita e di affitto, a seconda del territorio in cui si trova l'immobile offerto, per cui potete già farvi un'idea di queste cifre. Come ho già detto, non ci sono prezzi fissi, quindi potete negoziare in qualche misura con l'agente l'importo del suo onorario, se disponibile.

5. L'acquisto

Entro il limite di tempo specificato nella proposta, l'agente farà del suo meglio per far accettare la proposta il prima possibile. È qui che devono essere dimostrate tutte le sue competenze professionali. Quelli buoni aiutano un potenziale acquirente a fare un'offerta già completa e accettabile per il venditore, se questo è possibile e se l'acquirente può adattarsi alle sue condizioni. Ad esempio, se il venditore desidera 200.000 euro e una data di chiusura non oltre giugno, un buon agente preparerà una proposta di 195.000 euro / 200.000 euro con una data di chiusura forse a maggio o all'inizio di luglio, se queste condizioni sono adatte all'acquirente. Questo avrebbe portato a un sano compromesso tra le due parti, con l'agente come leader. Lo stesso principio si applica se ci sono condizioni speciali da considerare, e posso dirvi per esperienza che ci sono molti casi del genere! Se condizioni particolari o specifiche sono un problema per voi, per un buon agente questo si traduce nel trovare la soluzione migliore per entrambi, insomma, è pane per i vostri denti. Ricordate che qualsiasi modifica apportata dal venditore alla proposta deve sempre essere messa per iscritto e deve essere accettata perché l'affare vada in porto, altrimenti tutto va a monte. È buona norma che l'agenzia si occupi di una sola proposta alla volta e che magari sospenda le visite per la stessa casa per non interrompere le trattative. Tuttavia, se è convinto di non avere una buona proposta, un professionista mediocre può nel frattempo cercare nuovi acquirenti e mettere a rischio la proposta che ha raccolto. Se il consiglio dell'agente corrisponde alle vostre intenzioni, seguitelo sempre per evitare di perdere l'affare.

La figura dell'agente immobiliare

Cosa fa un agente immobiliare? E perché un agente immobiliare è la persona migliore per consigliarvi sul mercato immobiliare, accompagnarvi passo dopo passo nell'acquisto e nella vendita del vostro immobile o anche nella ricerca di una casa? In questo articolo rispondiamo a queste e ad altre domande e curiosità. Chiunque si rivolga a un agente immobiliare per vendere o acquistare una casa, o anche per affittarla, capirà perché un agente immobiliare è la persona più adatta a curare i suoi interessi. E chi sta pensando di diventare agente immobiliare potrà capire come esercitare una professione sempre richiesta.

Un agente immobiliare è un mediatore che cerca di conciliare gli interessi di una persona che vuole vendere un immobile e di un acquirente, nonché di una persona che vuole affittare una casa e di un inquilino. Molte persone non si fidano di un agente immobiliare perché sanno che l'agente immobiliare riceverà in ogni caso una commissione sull'acquisto o sull'affitto. Pertanto, ritengono che per l'agente immobiliare sia importante solo che le trattative vadano a buon fine. Tuttavia, non è questo il caso. Un agente immobiliare che non è imparziale e non cura gli interessi dell'acquirente e del venditore si fa presto una cattiva reputazione e perde clienti. È nell'interesse dell'agente immobiliare essere imparziale e non favorire gli interessi privati dell'acquirente o del venditore. Un buon agente immobiliare si riconosce subito, anche perché fornisce informazioni chiare e comprensibili. Ma anche perché mantiene una certa distanza da entrambe le parti della transazione di acquisto o di affitto di un immobile.

Diventare agente immobiliare non è facile. Se proprio non volete conseguire una laurea, dovreste almeno frequentare un corso di formazione organizzato da un ente autorizzato. Se si supera il corso di formazione, è necessario sostenere un esame presso la Camera di commercio. L'agente immobiliare nella realtà

- Deve conoscere nel dettaglio tutte le normative immobiliari;
- Deve essere in grado di fornire informazioni accurate sulle ultime modifiche apportate alle normative immobiliari;
- Essere in grado di scrivere bene l'accordo, il contratto di locazione e altri documenti;
- Essere in grado di valutare tutti i rischi di una transazione immobiliare;
- Essere in grado di rispondere a tutti i vostri dubbi in modo soddisfacente.

L'esperienza da sola non è sufficiente per conoscere tutte le leggi immobiliari e fiscali. È inoltre necessario essere appositamente qualificati. Inoltre, è necessario stipulare una polizza assicurativa, obbligatoria per tutti coloro che scelgono questa professione. Un agente immobiliare deve inoltre possedere conoscenze tecniche, ottime capacità di intermediazione e abilità di persuasione.

Consigli per trovare l'agenzia immobiliare giusta...e non avere brutte sorprese

Come scegliere un referente tra le tante agenzie immobiliari presenti sul mercato e perché ha senso affidarsi a un solo agente immobiliare quando si vende la propria casa.

1. Scegliere bene fin dall'inizio

Ci si può sempre adattare, ma è importante scegliere la persona giusta fin dall'inizio: scegliete un agente immobiliare che si dimostri un professionista serio fin dal primo momento. Dalla prima risposta alla vostra richiesta si possono capire molte cose: quando vi richiameranno, se vi richiameranno, dalla prima telefonata si può capire se è la persona giusta di cui fidarsi.

2. Scegliere un agente immobiliare autorizzato

Verificate se l'agente immobiliare è abilitato: sarete felici di chiederlo al professionista giusto, che sicuramente vi mostrerà la sua licenza e vi fornirà la documentazione per poterla controllare. Ricordate che chi esercita abusivamente non può fornirvi l'assicurazione professionale obbligatoria per la professione. Può sembrare ovvio, ma non lo è: ci sono molti abusivi che si presentano come agenti immobiliari ma in realtà non sono qualificati per farlo. Anche questo è un aspetto su cui riflettere attentamente, perché a posteriori potreste pentirvi di non averlo fatto prima.

3. Fate domande specifiche: cosa offrono e quali sono le condizioni?

Fate domande specifiche: chiedete di mostrarvi il loro piano operativo, di spiegarvi cosa faranno per vendere il vostro immobile, quante proprietà hanno venduto negli ultimi mesi, in quale arco di tempo, a quale prezzo si discostano dalla richiesta iniziale. Prima di farlo, mostrategli la bozza dell'incarico e chiedetegli chiarimenti se qualche disposizione non vi è chiara. Prima di firmare l'incarico, è il momento giusto per testarlo. Dopo la firma dell'incarico, sarà troppo tardi e ci si potrà pentire di non averci pensato prima.

4. Chiedete una valutazione scritta

Non accontentatevi di una valutazione "a colpo d'occhio", ma chiedete un'analisi comparativa delle proprietà concorrenti per avere un'idea del mercato di riferimento e per individuare fin dall'inizio la domanda giusta per attirare i potenziali acquirenti anziché allontanarli: per vendere in tempi ragionevoli, è essenziale collocare fin dall'inizio la vostra proprietà in una fascia di prezzo coerente con il mercato effettivo dell'area di destinazione.

5. Chiedere referenze

Chiedete referenze verificabili: non fa male e il professionista sarà lieto di rispondervi e di fornirvi i recapiti di persone che lo hanno ingaggiato prima di voi, in modo che possiate vedere come ha trattato altri clienti. Controllate anche le referenze negative: verificate se e come risponde alle persone che non si sono trovate bene con lui e come si comporta quando il suo lavoro viene criticato. Quando stiamo bene, siamo tutti bravi, ma quando siamo in difficoltà, si vede chiaramente cosa siamo.

6. Chiedere un impegno alla cooperazione

Esigete che sia disposto a collaborare con altri agenti immobiliari per facilitare la vendita e non lasciate che si perdano opportunità che potrebbero non ripresentarsi solo perché il cliente giusto si è rivolto all'agenzia sbagliata. È dovere di un agente professionale collaborare nell'interesse del preponente ed è inaccettabile rifiutarsi di farlo.

7. Chiedete la loro disponibilità ad aiutarvi in caso di trattative private

Chiedetevi come vi comportereste se, dopo aver portato a termine un incarico di vendita, un privato vi contattasse e volesse acquistare direttamente da voi con una scrittura privata: dato che ad Alessandria statisticamente circa il 40% delle vendite avviene senza intermediazione (la media in Italia è di circa il 50%), è molto importante capire subito se la persona a cui state per affidarvi è disposta ad aiutarvi per il giusto compenso, in modo da non perdere quelle "quattro occasioni su dieci" che potrebbero rivelarsi decisive per raggiungere il vostro obiettivo di vendita.

8. Chiedete di più, scegliete il meglio, è un vostro diritto

E ora l'ultimo punto: perché ha senso affidarsi a un'unica agenzia immobiliare quando si vende la propria casa. Se si affida la vendita a più agenzie, si ha la sensazione di avere più opzioni. Per molte agenzie immobiliari, le proprietà non esclusive sono solo un'altra opportunità per "catturare" un acquirente; non fa differenza per loro se vendono una proprietà invece di un'altra; se la vostra proprietà è molto richiesta, attirerete la loro attenzione, altrimenti c'è un alto rischio che non si facciano vivi per un po'. Il punto fondamentale è che senza impegno non c'è cooperazione. Se non scegliete un agente a cui affidare esclusivamente la vendita, qualsiasi agente tratterà il vostro immobile senza impegno in base all'interesse mostrato dal mercato e non farà nulla di più. Un agente immobiliare che riceve un incarico in esclusiva si impegna a fare tutto il possibile per aiutarvi a vendere al miglior prezzo e nel minor tempo possibile, e investirà tempo e risorse finanziarie che altrimenti non avrebbe investito.

Vi mettereste onestamente a coltivare un orto se sapeste che c'è un'alta probabilità che i frutti del vostro sudore vengano raccolti da qualcun altro? L'esclusività è uno strumento che consente il massimo impegno da entrambe le parti, un rapporto solido basato sulla massima trasparenza e la comodità di avere un unico interlocutore per il resto del mondo: il mercato, gli acquirenti e tutti gli altri agenti immobiliari.

Capitolo 3

Individuazione delle caratteristiche di un immobile

Come posso vedere un immobile quando voglio acquistarlo? Tutto quello che c'è da sapere Comprare casa è un sogno molto caro agli italiani, o almeno alla maggior parte di loro. Nella famiglia, nella cultura e nella vita di tutti i giorni, l'acquisto di una casa è sempre stato considerato un valore. Ecco perché vi siete sempre rifiutati di viverci o di affittarla per sempre. Per voi, acquistare una casa è come raggiungere un obiettivo. Il senso di appartenenza al luogo in cui si vive è sempre stato forte, fin dall'infanzia.

Dopotutto, non potete negarlo, perché la vostra famiglia vi ha trasmesso questo legame. In effetti, la casa fa parte del vostro concetto di famiglia. Una casa che adattate alle vostre esigenze nel tempo, che modificate e plasmate con le vostre idee, la vostra passione e la vostra creatività, una casa in cui vivete voi, i vostri figli e talvolta anche intere generazioni. Una casa che racchiude i ricordi, vostri e dei vostri cari, in ogni stanza. Ecco perché l'acquisto di una casa per voi è una decisione prima emotiva e poi razionale. Quando lo scegliete, scegliete un luogo che è speciale per voi, perché conterrà tutte le emozioni e i momenti, belli e brutti, che vivrete lì nel corso della vostra vita.

Ma è vero che questo non basta per fare la scelta giusta, perché la casa che diventerà vostra, quella che avete sempre desiderato, deve rispondere anche ad altre esigenze più oggettive. Le sue caratteristiche devono garantire affidabilità e sicurezza nel tempo, anche perché il mutuo che probabilmente dovreste accendere per acquistare la casa è un impegno a lungo termine.

La domanda che sorge spontanea è: cosa bisogna cercare in un immobile quando lo si vuole acquistare? Ecco alcune cose che dovreste assolutamente considerare.

Verificare le caratteristiche della casa che si vuole acquistare

La casa che si vuole acquistare ha anche una storia e dei precedenti proprietari, a meno che non sia nuova.

È sempre una buona idea effettuare i controlli del caso, ma per un immobile che ha alle spalle diversi anni di vita, è necessario verificare quanto segue.

- Le condizioni della casa: è sempre consigliabile ispezionare a fondo la casa. Chiedete aiuto a persone competenti del settore che possano darvi risposte professionali e affidabili, ad esempio sull'impianto elettrico: potrebbe essere vecchio e aver perso la sua capacità di isolamento, quindi sarà necessario rinnovarlo. Chiedere a un tecnico di eseguire i controlli necessari;
- L'impianto idraulico e la pressione dell'acqua: verificare, sia all'esterno che all'interno, che non ci siano perdite nelle tubature e nei condotti e che la pressione e il colore dell'acqua che sgorga dai rubinetti della casa siano a posto;

- La stabilità della casa: verificate se ci sono crepe importanti, che possono mettere in discussione la sicurezza della casa in cui intendete trasferirvi;
- Lo stato generale della struttura: verificare le condizioni di pavimenti, porte, finestre, infissi e piastrelle. Eventuali danni possono comportare costi aggiuntivi, che potrete evidenziare in fase di negoziazione del prezzo;
- Aria e luce: se l'aria in casa circola bene, è improbabile che si verifichino problemi di umidità, muffa e parassiti; visitate la casa durante il giorno per verificare la quantità di luce naturale che entra nell'abitazione per vedere quanto è luminosa;
- Spese condominiali: assicuratevi che il precedente proprietario, il vostro venditore, non abbia rate condominiali in sospeso, poiché vi sarebbero state addebitate se non le avesse pagate prima della vendita della casa. Inoltre, verificate le condizioni dell'edificio per vedere se sono previsti lavori di manutenzione urgenti nell'edificio che volete acquistare, che l'associazione condominiale potrebbe aver deciso di eseguire nel prossimo futuro;
- il valore della casa: oltre a informarsi sui prezzi medi al metro quadro nella zona in cui si trova la casa che si vuole acquistare, bisogna sapere che ci sono alcune caratteristiche di un immobile che ne fanno variare il prezzo, come ad esempio le condizioni dell'edificio, l'esposizione dell'abitazione al sole, riscaldamento autonomo, il piano in cui si trova l'appartamento, la presenza di un ascensore, la presenza di uno o più bagni nell'abitazione, conformità dell'impianto elettrico (secondo la norma).

- la zona in cui si trova la casa: verificate se è ben raggiungibile con i mezzi pubblici e ben fornita di operatori telefonici (telefono e Internet, indispensabili soprattutto se lavorate da casa), se è un quartiere tranquillo (dove non dovrete installare subito un antifurto, spesa che dovreste già mettere in conto), dove non è difficile trovare un posto auto (soprattutto se non state acquistando una casa con garage), e quali sono i servizi nelle vicinanze utili per la vita di tutti i giorni, come, ad esempio spazi verdi e parchi, scuole, palestre, farmacie, bar e negozi di alimentari.

Conformità degli impianti, certificazione energetica e agibilità

Quando un acquirente decide di comprare una casa, deve prestare particolare attenzione all'abitabilità dell'immobile, oltre che ai gusti personali. Che cosa significa? Il punto fondamentale è che l'immobile che si vuole acquistare abbia determinate qualità che lo rendono sicuro ed efficiente dal punto di vista energetico. Tra i vari documenti che un potenziale acquirente richiede al venditore ci sono i certificati di abitabilità, sicurezza (che non è richiesto dalla legge) ed efficienza energetica (che è obbligatorio).

Abitabilità significa che l'immobile è conforme alle normative nazionali e locali in materia di sicurezza, igiene, salute, risparmio energetico degli edifici e degli impianti in essi installati. Se l'immobile non presenta queste caratteristiche, non può essere occupato. Il potenziale acquirente può richiedere al venditore di produrre e consegnare un certificato di abitabilità subito dopo la firma del contratto preliminare e in ogni caso al momento della stipula del contratto definitivo di vendita. Se manca il certificato o se l'immobile non presenta caratteristiche di sicurezza, il contratto può essere risolto e il venditore deve restituire il prezzo di acquisto e pagare eventuali danni. Non è un obbligo di legge, ma è una buona pratica per l'acquirente per evitare spiacevoli sorprese in seguito.

Tuttavia, esistono casi specifici in cui l'amministratore o il responsabile dell'ufficio comunale competente deve rilasciare un certificato di agibilità dell'immobile. In particolare, se l'immobile è di nuova costruzione, ricostruito o ampliato, o se vengono eseguiti lavori su edifici esistenti che possono influire sulle condizioni di agilità dell'immobile, il proprietario deve richiedere un certificato di agilità. La domanda deve essere presentata entro quindici giorni dall'ultimazione dei lavori, corredata dai documenti previsti dalla legge, come i certificati di conformità degli impianti rilasciati dalle ditte installatrici e, ove previsto, il certificato di conformità alle norme antisismiche.

Una volta presentata la domanda all'ufficio comunale competente, l'amministratore o il direttore del comune deve prendere provvedimenti espliciti entro 30 giorni. Dopo 30 giorni dalla presentazione della domanda, se l'amministrazione comunale non ha risposto, si applica il principio del "tacito consenso". Tuttavia, è necessario attendere anche il parere dell'ASL, e se questo non arriva entro 60 giorni, il silenzio dell'autorità si considera un consenso. Il proprietario deve presentare una domanda come prova di idoneità, che deve essere presentata all'acquirente al momento della firma del contratto di acquisto.

Si è già detto che alla richiesta di certificato di occupazione devono essere allegati diversi documenti, tra cui il certificato di conformità degli apparecchi. L'impianto elettrico, l'impianto di riscaldamento, l'impianto di distribuzione del gas, l'impianto idrico e fognario, l'ascensore, l'impianto di antenna, l'impianto di illuminazione, l'impianto di allarme antifurto e antincendio devono essere conformi agli standard di sicurezza prescritti dalla legge al momento della costruzione dell'immobile.

Nel caso dell'impianto elettrico, la distinzione va fatta in seguito all'entrata in vigore della legge 46/90, che ha reso obbligatoria la realizzazione a regola d'arte degli impianti negli edifici. Pertanto, negli edifici costruiti dopo il 13 marzo 1990 (data di entrata in vigore della Legge), gli impianti devono essere realizzati a regola d'arte. La conformità alle norme implica che l'impianto elettrico sia dotato di un interruttore di terra e di un sistema di messa a terra coordinato e che i componenti dell'impianto e le apparecchiature dell'utente siano in buone condizioni. Pertanto, un impianto di messa a terra è obbligatorio nelle case costruite dopo il 13 marzo 1990. Per quelli costruiti in precedenza, è stato necessario apportare alcuni adattamenti minimi, come l'installazione di un cosiddetto "salvavita" e la sostituzione delle prese esistenti con prese di sicurezza, che impediscono a sottili oggetti metallici di entrare in contatto con parti interne sotto tensione.

Il certificato viene solitamente rilasciato da aziende autorizzate all'installazione dei sistemi. Può accadere che i certificati relativi all'immobile che si vuole vendere siano stati smarriti o addirittura non rilasciati. Cosa fare? In questi casi, e solo per gli impianti installati prima dell'entrata in vigore del Decreto Ministeriale n. 37 del 2008, il certificato è sostituito da una dichiarazione di conformità, che attesta che, a seguito di ispezioni e controlli, gli impianti sono conformi alla normativa vigente al momento della loro installazione. Come il certificato di conformità, anche il certificato di conformità degli impianti non è obbligatorio in fase di stipula del contratto di compravendita, ma è una buona prassi che le parti devono attuare, sia per il venditore, per non vedersi contestare in seguito dall'acquirente la presenza di impianti difettosi o obsoleti, sia per l'acquirente, per evitare spiacevoli sorprese dopo l'acquisto della casa.

Un'altra importante certificazione richiesta dalla legislazione nazionale è la certificazione energetica degli edifici. In origine si trattava dell'attestato ACE (Attestato di Certificazione Energetica), poi sostituito dall'attestato APE (Attestato di Prestazione Energetica), che contiene informazioni sulla prestazione energetica dell'edificio. È durato 10 anni e classifica gli edifici in diverse classi di efficienza energetica, dalla più alta "A+" alla più bassa "G".

La qualità energetica di un edificio deve essere misurata da un tecnico qualificato che redige l'APE. Gli annunci di vendita o anche di affitto devono riportare l'Ipe, l'indice di prestazione energetica, e la classe energetica di riferimento contenuta nell'APE stesso. Durante la trattativa di vendita della casa, cioè già durante il compromesso, il venditore deve consentire al potenziale acquirente di accedere all'attestato di prestazione energetica e consegnarlo solo al momento della chiusura della vendita. Secondo il decreto legislativo n. 63/2013, che ha sostituito l'ACE con l'APE, a partire dal 6 giugno 2013 i contratti di acquisto, donazione e nuova locazione privi di APE allegato sono nulli. In caso di vendita, si stabilisce inoltre che il proprietario che viola l'obbligo di presentare un attestato di prestazione energetica è passibile di una multa da 3.000 a 18.000 euro.

Successivamente, il Decreto "Destinazione Italia" ha previsto una sanatoria per i contratti stipulati tra il 4 agosto e il 24 dicembre 2013 che sono stati dichiarati nulli per mancanza dell'attestato di prestazione energetica: la nullità viene meno con il pagamento della sanzione e l'allegazione dell'APE. Lo stesso Decreto ha previsto che un contratto di vendita (e di locazione) stipulato senza l'allegazione dell'APE è comunque valido se l'attestato viene consegnato entro 45 giorni. In caso contrario, scatta una sanzione.

Verifica di abusi

Come verificare se un immobile in vendita è illegale? La vendita di un immobile non autorizzato è nulla: come verificare le condizioni dell'immobile prima dell'acquisto? In una recente sentenza, la Corte di Cassazione ha ribadito che se il trasferimento di un immobile avviene in modo non conforme alle norme urbanistiche, il contratto in questione è nullo. In sostanza, la vendita di un immobile non autorizzato è nulla.

Come determinare se un immobile è abusivo?

Per evitare spiacevoli sorprese e per sapere se l'immobile venduto è un immobile abusivo, è possibile richiedere la visione dell'atto notarile sul sito di Visure Italia. Rispetto alla visura notarile ipotecaria, rappresenta una visura aggiuntiva in quanto contiene informazioni supplementari non altrimenti disponibili:

- Confini;
- Aree reali e catastali;
- Prezzo;
- Planimetria;
- Atti di proprietà precedenti;

- Eventuali ipoteche;
- Permesso di costruire;
- Dati catastali del luogo (terreno) su cui è stato costruito l'immobile.

Secondo la legge, la vendita di un immobile è nulla se gli atti non sono accompagnati dalla copia della relativa domanda di sanatoria, con gli estremi del deposito, ricevuta dal richiedente; non vengono forniti i dettagli del pagamento delle prime due rate della sanatoria. È solo in presenza di questi elementi che la vendita di un immobile non in regola può essere salvata dalla nullità, in quanto l'acquirente è a conoscenza della situazione ed è pienamente consapevole del suo acquisto.

Nel caso in cui non vengano fornite le informazioni sulla licenza edilizia, l'acquirente può in qualsiasi momento rivolgersi al tribunale per ottenere l'annullamento del contratto di vendita, in quanto la nullità non conosce termini di prescrizione.

5 cose da valutare prima di acquistare un immobile

La scelta di una casa deve essere attentamente ponderata e tenere conto delle normative, dei requisiti tecnici e amministrativi. L'acquisto di una casa è uno dei passi più importanti nella vita di una persona, poiché la impegna finanziariamente per molto tempo. È quindi essenziale sapere quali sono i passi da compiere prima di acquistare una casa. Prima di firmare il contratto, è bene verificare alcuni aspetti. Vediamoli qui di seguito.

1. Identificazione del proprietario

Per stabilire chi è l'effettivo proprietario, la prima cosa da fare è effettuare una visura catastale, che fornisce i dettagli dell'atto di proprietà in base al quale il venditore ha il diritto di vendere l'immobile. Questo perché il venditore e il proprietario possono essere due persone diverse.

La proprietà può anche essere intestata a un coniuge in regime di comunione dei beni. Oppure può essere il risultato di un'eredità e quindi di proprietà di più persone (fratelli, nipoti, ecc.). Il documento di origine può essere un atto, un'eredità o una donazione. È consigliabile verificare che l'ultimo atto di provenienza non sia un atto di donazione e che non siano state fatte donazioni negli ultimi 20 anni. Tale pratica comporta il rischio che una persona esclusa dall'atto possa, anche dopo l'acquisto, rivendicare diritti reali sull'immobile e prenderne possesso.

2. Verificare se ci sono ipoteche sull'immobile

Dovete verificare se l'immobile che intendete acquistare è soggetto a ipoteca, esecuzione o pignoramento:

- In caso di ipoteca, se si tratta di un'ipoteca volontaria, ad esempio iscritta dalla banca che ha concesso il mutuo, la proposta di acquisto e il contratto preliminare possono essere stipulati senza rischi, ma occorre prevedere che dovrà essere estinta entro la data del rogito o contestualmente, a cura e spese del proprietario. Se l'ipoteca è legale o giudiziale, il parere del notaio su come preparare le trattative sarà necessario per evitare situazioni spiacevoli;
- In caso di pignoramento: i casi meno difficili possono essere risolti dall'acquirente che paga i creditori per

conto del proprietario, ma se il venditore è fallito, non si può escludere completamente la possibilità che altri creditori chiedano l'annullamento dell'atto.

3. Verifica di tutti i documenti di pianificazione

È importante assicurarsi che tutti i documenti di pianificazione siano in ordine. In particolare, è necessario verificare l'effettiva esistenza del permesso di costruire e del certificato di regolarità urbanistica che ne attesti la conformità con quanto conservato nei pubblici registri, ovvero che l'immobile sia effettivamente registrato e che la planimetria catastale rispecchi la situazione reale. Inoltre, devono essere esclusi eventuali abusi edilizi e, in caso di lievi difformità sanzionate tra la situazione reale e quanto depositato, il venditore sarà obbligato a fornire sanatorie per ripristinare la regolarità dell'immobile e ad aggiornare la planimetria catastale di tale immobile alla data di stipula del contratto di compravendita. Allo stesso tempo, è consigliabile richiedere al venditore copia dei permessi di costruzione e di eventuali autorizzazioni edilizie e, se rilasciato, il certificato di abitabilità. Questo può essere verificato da una visura catastale, che vi impedirà di acquistare un locale in cui non è possibile effettuare gli allacciamenti alle utenze, ma che è stato pagato come un vero e proprio appartamento. La visura catastale viene rilasciata dall'Agenzia delle Entrate, che utilizza i dati di identificazione catastale per determinare l'esatta ubicazione dell'immobile in Italia e contiene i dati anagrafici della ditta o dei proprietari catastali, l'ubicazione dell'immobile e i dati di identificazione catastale (partita, foglio, particella o mappale, subalterno), la categoria e la superficie o il numero di vani, la rendita catastale o il reddito dominicale o agrario.

4. Le spese condominiali sono a carico del proprietario?

L'acquirente deve accertarsi che il venditore abbia pagato tutte le spese condominiali. Se c'è qualcosa in sospeso, l'acquirente sarà responsabile in solido con il venditore per i debiti lasciati da quest'ultimo per le spese condominiali dell'anno in corso e di quello precedente. È quindi sempre meglio chiedere al gestore la conferma dello stato dei pagamenti.

5. Classe energetica

È opportuno verificare anche la classe energetica dell'immobile: in base alle nuove norme sull'Attestato di prestazione energetica (Ape), il venditore deve fornire una documentazione che confermi la classe energetica, in particolare per gli impianti realizzati dopo il 2008 è necessario fornire un certificato di conformità, mentre per gli impianti precedenti è sufficiente un certificato di rispondenza.

È importante anche informarsi sulla stabilità dell'edificio, se sono previsti lavori di manutenzione di emergenza: è meglio scoprire quali costi sono già stati affrontati (che sono a carico del venditore) e quali sono già previsti per il futuro. Sono tutte opzioni che possono aiutare l'acquirente a ridurre il prezzo dell'immobile.

Il condominio

Cos'è, definizione, leggi e regolamenti

Che cos'è un condominio? Che cos'è un condominio secondo la legge? Quali sono le autorità di un condominio e quali sono i loro poteri? scopriamo tutto sui condomini e sul loro funzionamento.

Condominio: cos'è?

Il Codice civile non contiene una definizione di condominio. L'istituto del condominio è apparso solo di recente nell'ordinamento giuridico italiano, nel Codice del 1942 (definizione giuridica di condominio). In effetti, le regole a questo riguardo sono incluse nel terzo libro, che tratta della proprietà. In particolare, la definizione di condominio contenuta nel Capo II del Titolo VII, che tratta della comunione, aiuta a capire che il condominio non è altro che una forma speciale di comunione su beni immobili.

La sua caratteristica distintiva è che il condominio contiene sia porzioni di proprietà esclusiva sia porzioni di proprietà comune. Oltre alle parti di proprietà individuale (appartamenti), ci sono anche parti che devono essere trattate come proprietà comune secondo la legge.

Il condominio è quindi una forma speciale di proprietà comune in cui coesistono parti di proprietà esclusiva e parti di proprietà comune.

Parti comuni di un condominio

La legge non definisce quindi le parti comuni di un condominio con una definizione accademica, ma si limita a fornire un elenco illustrativo e non esaustivo di ciò che può costituire le parti comuni di un condominio. Infatti, la definizione giuridica di condominio contenuta nell'articolo 1117 del Codice civile prevede che la presunzione legale possa essere confutata solo dalla prova di un titolo avverso, definito come la prova della proprietà esclusiva dell'immobile da parte di un altro soggetto". Secondo la recente giurisprudenza, tale "prova non può essere fornita da una clausola del regolamento condominiale che non menzioni l'immobile in questione tra le parti comuni dell'edificio, in quanto tale atto non costituisce un titolo idoneo a dimostrare la proprietà esclusiva dell'immobile e, quindi, la sua esclusione dal regime condominiale (Corte di Cassazione, n. 11, paragrafo 1)". Il regolamento condominiale non costituisce un titolo di proprietà, ma ha la funzione di disciplinare l'uso della cosa comune e la ripartizione delle spese" (Cass. n. 13262/2012).

Quali sono le parti comuni di un condominio?

Secondo l'elenco del Codice civile, le parti comuni di un condominio possono essere suddivise in tre grandi categorie: beni comuni necessari, pertinenziali e accessori. La prima categoria comprende tutti i cosiddetti "beni comuni" che sono necessari per l'esistenza del condominio o sono permanentemente destinati all'uso comune. Senza di essi, i condomini non potrebbero utilizzare le singole proprietà esclusive.

La seconda categoria comprende tutte le cosiddette "proprietà comuni associate", ossia i locali utilizzati per i servizi comuni come il riscaldamento e i locali caldaia.

La terza e ultima categoria comprende i cosiddetti "beni comuni aggiuntivi", ossia opere, impianti e manufatti che servono all'uso e al godimento comune.

Tipi di condominio

Quante unità immobiliari sono necessarie per essere un condominio? Esistono diversi tipi di condominio, che analizzeremo di seguito:

1. Il condominio più piccolo

Secondo la legge, è sufficiente che vi siano due diversi proprietari di due diverse parti di un immobile per poter parlare di condominio. In questo caso, si tratta di un condominio minimo a cui si applicano le regole del condominio. Un condominio minimo è quindi un edificio composto da almeno due unità immobiliari e due proprietari. Il condominio minimo e il piccolo condominio sono soggetti a tutte le norme previste per il condominio dal Codice Civile, ad eccezione dell'obbligo di nominare un amministratore e di adottare uno statuto.

2. Condominio verticale e orizzontale

I condomini possono essere sviluppati sia in verticale (il classico edificio condominiale a più piani) che in orizzontale. La definizione orizzontale di condominio comprende appartamenti con abitazioni e servizi comuni come strade, arredi interni e illuminazione. Sono quindi disponibili anche aree comuni condominiali orizzontali. Un condominio con più di 8 unità immobiliari è soggetto allo stesso regime di un condominio minimo, ovvero alla ripartizione orizzontale delle spese condominiali. Tuttavia, non è necessario avere un regolamento condominiale e un amministratore di condominio.

3. Super condominio

Un super condominio è costituito da più edifici condominiali collegati da beni e/o servizi comuni. Si pensi, ad esempio, a un gruppo di edifici che condividono un giardino e una strada privata, un parcheggio o un sistema di riscaldamento.

Riforma del condominio

A causa dei progressi della tecnologia moderna, della cultura e delle mutate esigenze sociali, è diventato necessario riformare in modo completo il condominio per stabilire un regolamento condominiale. Il 20 novembre 2012 la Commissione Giustizia del Senato ha approvato il testo definitivo della riforma del condominio (Legge sul condominio del 20 novembre 2012).

Con il nuovo testo della legge 220 dell'11 dicembre 2012 ("Modifiche alla disciplina del condominio negli edifici"), il legislatore è intervenuto in maniera decisa sull'intera materia, modificando alcuni degli articoli più importanti (ad esempio l'articolo 1117 e l'articolo 1129 sulla figura dell'amministratore) e aggiungendone altri (articolo 1117 bis-quater; articolo 1122 bis e ter; articolo 1130 bis).

Organi del condominio

Quali sono gli organi di un condominio? Un condominio ha determinati organi per il suo funzionamento, che sono regolati dalla legge.

L'amministratore è l'organo esecutivo del condominio, che esegue le decisioni adottate dall'assemblea generale del condominio. Può essere una persona fisica o giuridica. Viene nominato dall'Assemblea generale a maggioranza dei presenti all'Assemblea generale che rappresentino almeno 500 millesimi (metà del valore dell'edificio).

L'Assemblea è l'organo consultivo del condominio, che prende decisioni collettive che hanno conseguenze esterne immediate. L'Assemblea è l'organo naturale (in dottrina chiamato anche "supremo"), strutturale e permanente del condominio. Qui troverete tutte le informazioni sul funzionamento dell'Assemblea condominiale e l'ordine del giorno.

Il Consiglio del Condominio è un organo non statutario con funzioni consultive e di vigilanza, che può essere nominato negli edifici con almeno 12 unità immobiliari, ai sensi dell'articolo 1130-bis del Codice Civile.

- Assemblee generali ordinarie e straordinarie del condominio

Esistono due tipi di gruppi e ognuno ha un proprio funzionamento. L'Assemblea generale ordinaria deve essere convocata dal gestore su base obbligatoria e annuale, pena la revoca da parte dell'autorità giudiziaria in caso di mancata convocazione per due anni solari consecutivi.

Tuttavia, un'assemblea straordinaria può essere convocata a discrezione dell'amministratore ogni qualvolta sia necessario, anche su iniziativa dei proprietari. Possono farne richiesta almeno due condomini che rappresentino 1/6 del valore dell'edificio. Se il direttore non la convoca, può convocarla lui stesso dopo dieci giorni dalla richiesta.

- Ordine del giorno e convocazione dell'assemblea condominiale

Per la convocazione di un'assemblea condominiale è necessario un avviso a tutti i condomini secondo le condizioni e le modalità previste dalla legge. Deve contenere un ordine del giorno. Può riguardare un'ampia varietà di argomenti da discutere durante l'assemblea e consentire ai membri del condominio di partecipare all'assemblea condominiale in modo informato.

D'altra parte, l'articolo 1135 del Codice Civile italiano stabilisce per legge l'ordine del giorno dell'assemblea generale ordinaria. Si tratta di decisioni relative all'approvazione dell'amministratore di condominio e del suo compenso, all'approvazione del bilancio e della ripartizione delle spese, all'approvazione del rendiconto annuale e ai lavori di manutenzione straordinaria. A queste questioni, che devono essere affrontate con urgenza, se ne possono ovviamente aggiungere altre.

Regole condominiali

Nei condomini che superano i 10 condomini, lo statuto è obbligatorio. La maggioranza ritiene che nel conteggio si debba fare riferimento al numero di partecipanti a un condominio e non al numero di unità.

L'articolo 1138 del Codice civile prevede che ogni condomino possa promuovere la creazione di un regolamento condominiale o la revisione di quello esistente.

L'approvazione richiede la maggioranza di cui al secondo comma dell'articolo 1136, ossia un numero di voti che rappresenti la maggioranza dei presenti e almeno la metà del valore dell'edificio.

Una volta adottato, il regolamento interno deve essere allegato al verbale e al registro delle riunioni, ma può comunque essere impugnato secondo le normali regole di impugnazione delle decisioni.

- Multa per un condominio

Cosa succede se i condomini non rispettano il regolamento condominiale? La multa è l'unica sanzione pecuniaria che regola il rapporto tra gli individui. La sanzione non può superare i 200 euro e può essere aumentata fino a 800 euro in caso di recidiva. È imposta da una decisione dell'Assemblea Generale, che richiede una maggioranza speciale. Prima della riforma degli alloggi del 2012, le multe per gli alloggi erano ridicolmente basse, ma con la riforma sono diventate più alte.

Quali sono le spese condominiali

La questione delle spese condominiali è una delle più controverse nell'ambito della governance condominiale. Le spese condominiali sono spese di natura finanziaria che riguardano il condominio nella sua gestione. Le spese necessarie per il funzionamento del condominio devono essere ripartite tra tutti i proprietari, sia quelle relative alla manutenzione ordinaria e straordinaria dei beni comuni, sia quelle relative alla gestione dei servizi comuni. I costi del condominio escludono solo i costi relativi alle unità immobiliari di proprietà dei singoli proprietari. Le spese condominiali sono approvate dall'Assemblea generale e, una volta approvate, sono a carico di tutti i condomini.

- Come vengono ripartite le spese condominiali

Le spese condominiali sono ripartite in proporzione al valore dei beni immobili di proprietà del condominio, nonché in proporzione all'uso che ciascun condomino può fare della proprietà comune e al godimento che ne può trarre. La proporzionalità è definita dalle tabelle millimetriche approvate dall'Assemblea e allegate al Regolamento di condominio.

- Tabelle millesimali

Come si determina il valore di ciascuna unità immobiliare per ripartire le spese condominiali secondo il criterio di proporzionalità?

Le tabelle millesimali sono uno strumento di ripartizione delle spese (art. 68 Dis. att. c.c.) e determinano il valore delle unità immobiliari in base alla loro posizione nell'edificio condominiale, alla metratura, al piano, all'esposizione a sud o a nord, ecc. Si tratta di tutta una serie di parametri che non comprendono le modifiche che ogni condomino può apportare al proprio appartamento. Infatti, secondo l'articolo 68 delle Dis. att. c.c., "nella determinazione del valore di cui al primo comma non si tiene conto del canone di locazione, dei miglioramenti e dello stato di manutenzione di ciascuna unità immobiliare".

Le tabelle sono obbligatorie solo se il numero di condomini è superiore a dieci. Ogni condomino può prendere l'iniziativa di istituirli. Per l'approvazione è sufficiente la maggioranza di cui all'articolo 1136, comma 2, del Codice civile (ossia la maggioranza degli intervenuti all'assemblea che rappresentino almeno 500 millesimi).

- Fondo cassa condominiale

Il Fondo Speciale Condominiale è uno strumento previsto dalla legge per evitare che l'amministratore disponga di somme necessariamente dovute nella gestione di spese straordinarie dovute a debiti condominiali. Infatti, è obbligatorio creare un fondo cassa speciale ogni volta che si presentano costi di manutenzione straordinaria o di innovazione. L'esistenza di questo fondo deve essere indicata nel bilancio annuale, così come l'uso che ne viene fatto durante la gestione.

Per l'approvazione è necessario un quorum che comprenda almeno la metà del valore dell'edificio e la maggioranza delle piattaforme della riunione. Il fondo di cassa è destinato alle spese ordinarie e non è obbligatorio. A discrezione dell'assemblea condominiale, può sempre essere istituito un fondo cassa per varie attività. Lo scopo è quello di accantonare le somme necessarie per la gestione del condominio.

- Posti auto in edifici multi appartamento: turnazione

Secondo quanto previsto dall'articolo 1117 del Codice Civile, le aree condominiali destinate a parcheggio appartengono alla proprietà comune delle singole unità immobiliari dell'edificio, salvo diversa disposizione.

Pertanto, ogni condomino ha un diritto sulle aree di parcheggio e sulla proprietà comune che non può essere rinunciato. Tale diritto è proporzionale al valore dell'unità immobiliare di appartenenza, salvo diversa disposizione del titolo giuridico. Se sorgono controversie a causa della mancanza di posti auto per tutti gli occupanti dell'isolato, è necessario escogitare un sistema di assegnazione che consenta a tutti di utilizzare adeguatamente i posti auto comuni, senza allontanare nessuno.

- Amianto in un edificio residenziale

Il Decreto Ministeriale 06/09/1994 stabilisce che è necessario e obbligatorio stabilire la presenza di materiali contenenti amianto nell'edificio e nell'edificio residenziale. Secondo la normativa, la pulizia non è obbligatoria. Una volta accertata l'effettiva presenza di amianto, è obbligatorio effettuare una valutazione del rischio per individuare le possibili misure.

Se nell'edificio sono presenti oggetti pericolosi contenenti amianto, l'amianto deve essere rimosso. Il pericolo dipende dal possibile rilascio di fibre nell'ambiente a causa della degradazione dell'amianto nella matrice compatta e sempre nel caso di amianto friabile (come confermato sul sito web dell'Organizzazione Mondiale della Sanità).

- Super bonus del 110% per la rimozione dell'amianto

Il super bonus del 110% per le opere di efficienza energetica e antisismica non prevede attualmente un contributo ad hoc per i costi di rimozione e smaltimento dell'amianto. Pertanto, il bonus per la rimozione dell'amianto può essere utilizzato solo in combinazione con misure di efficienza energetica. Altrimenti, potete utilizzare il bonus del 50%. La legge di bilancio 2021 (legge n. 178 del 30 dicembre 2020) ha di fatto prorogato la durata del bonus fino al 31 dicembre 2021 (detrazione del 50% con un tetto di 96.000 euro).

Tuttavia, la Commissione parlamentare per il controllo dell'anagrafe fiscale ha recentemente approvato una relazione sull'uso delle misure fiscali per l'ammodernamento energetico e sismico con alcune proposte. Tra queste c'è quella proposta dall'ONA, con la possibilità di estendere il super bonus anche ai costi di rimozione e smaltimento dell'amianto. Ci auguriamo che ciò avvenga, perché altrimenti sarebbe un'occasione persa per l'Italia di liberarsi delle tonnellate di amianto ancora presenti nel nostro Paese. Informazioni sul sito web del Ministero dello Sviluppo.

- Obblighi del gestore

L'amministratore di condominio può essere soggetto a sanzioni amministrative e penali se non adempie ai suoi obblighi di legge in qualità di amministratore di condominio ed eventualmente anche di datore di lavoro (di portieri, addetti alle pulizie, ecc.). Infatti, l'amministratore deve provvedere all'ispezione, all'inventario e alla mappatura dell'amianto, cioè all'identificazione dei materiali contenenti amianto (ACM), nelle aree comuni dell'edificio.

Dovrebbe rivolgersi a esperti per preparare una valutazione dei rischi che dovrà essere effettuata da personale qualificato e autorizzato.

Capitolo 4

La compravendita dell'immobile

Prima di effettuare un investimento così importante, è utile sapere cosa comporta la compravendita di un immobile e quali sono le sue fasi. Eccole riassunte qui di seguito:

1. L'offerta irrevocabile di acquisto

In primo luogo, la proposta di acquisto deve essere formulata sotto forma di telegramma o lettera raccomandata con ricevuta di ritorno e inviata al venditore insieme a un acconto sul prezzo di vendita. L'acconto non è obbligatorio, in quanto l'acquirente si impegna a fare un'offerta e non a consegnare questa somma di denaro. L'offerta, che vincola solo l'acquirente, deve esprimere l'intenzione di acquistare l'immobile alle stesse condizioni proposte. Se il venditore accetta queste condizioni per iscritto, le parti si impegnano a vendere l'immobile come indicato nella proposta e il venditore incasserà l'assegno dato come acconto e che servirà da garanzia. In caso contrario, il Venditore restituirà l'assegno pagato. I seguenti sono elementi indispensabili che devono essere inclusi nella proposta d'acquisto:

- Accettazione dell'offerta di acquisto;
- I dati del venditore e dell'acquirente;
- Il momento del pagamento; la data e il luogo del futuro contratto di vendita dell'immobile.
- Il termine entro il quale il venditore deve accettare la proposta;

- L'indirizzo, la descrizione e il prezzo dell'immobile.

Il venditore può accettare o meno l'offerta irrevocabile dell'acquirente. In caso di accettazione, dovrà avvenire tramite telegramma o lettera raccomandata con ricevuta di ritorno, nel qual caso l'acquirente dovrà onorare la sua offerta. Se il Venditore non risponde entro il termine fissato dall'Acquirente nella proposta, l'Acquirente non avrà alcun obbligo.

2. Il contratto preliminare

Si tratta a tutti gli effetti di una promessa di vendita dell'immobile che precede l'atto notarile. Si tratta essenzialmente di un documento privato redatto dalle parti che definisce tutti gli aspetti che saranno inclusi nell'atto di proprietà, il cosiddetto rogito. L'atto precontrattuale stabilisce che la vendita deve essere effettuata alle condizioni precedentemente concordate.

Il contratto può essere copiato nel registro immobiliare con carta bollata e firma autenticata. In questo modo si evitano spiacevoli inconvenienti e si garantisce che la casa non venga venduta contemporaneamente ad altre, poiché in questo caso valgono i diritti della persona che ha registrato l'atto per prima. Lo svantaggio di questa procedura è il costo: il costo del notaio e l'imposta di trascrizione, che non viene rimborsata se la casa viene venduta dal costruttore. I principali elementi che devono essere inclusi nel contratto preliminare sono:

- Correttezza in relazione alle norme edilizie;
- Data e firma dei contraenti;
- Eventuali clausole penali;
- I dati dell'acquirente e del venditore;
- Il prezzo dell'immobile;

- Il titolo di proprietà con le date di inizio e le eventuali restrizioni;
- La clausola arbitrale da utilizzare in caso di risoluzione;
- La data di stipula del contratto di compravendita dell'immobile;
- La presenza di eventuali vincoli (ad esempio, ipoteche);
- Le modalità di pagamento previste e i relativi termini;
- Una descrizione della casa e delle altre proprietà vicine.

Uno dei punti più importanti tra quelli appena elencati è la clausola penale, che consente alle parti di recedere dal contratto prima della stipula dell'atto, semplicemente pagando una penale contrattuale. Se entrambe le parti concordano di non stipulare un contratto di vendita dell'immobile, è sufficiente un semplice accordo per non far scattare la clausola. In particolare, esistono forme di clausole penali:

- L'acconto è un importo dato dall'acquirente al venditore prima della conclusione della transazione e rappresenta una sorta di garanzia. Se la vendita dell'immobile non si conclude per colpa dell'acquirente, il venditore ha il diritto di trattenere la caparra a titolo di risarcimento. Se la colpa è del venditore, quest'ultimo restituirà all'acquirente il doppio del deposito. In tutti i casi, la parte lesa può rinunciare al deposito e chiedere al tribunale che il contratto venga comunque eseguito.
- A differenza del precedente, il deposito cauzionale non consente alla parte lesa di rivolgersi al tribunale per chiedere l'esecuzione del contratto: la parte lesa può solo riceverlo.
- Un anticipo di pagamento è completamente diverso da entrambi; si tratta semplicemente di un anticipo sul prezzo, da restituire se la vendita dell'immobile non va a buon fine.

Pertanto, occorre prestare attenzione a quale di questi termini viene utilizzato in un compromesso o in un'offerta irrevocabile di acquisto, al fine di identificare chiaramente l'eventuale trasferimento di denaro dall'acquirente al venditore.

3. L'atto di proprietà immobiliare, cioè il rogito

Viene redatto da un notaio, ma può anche essere redatto privatamente con le firme autenticate. L'atto immobiliare ribadisce gli accordi già registrati nel contratto di compromesso, con le eventuali modifiche apportate nel frattempo. Il notaio ha il compito di verificare se ci sono ipoteche o irregolarità nella costruzione. Una dichiarazione di conformità dell'immobile alle norme di sicurezza (Legge 46/1990) in materia di impianti elettrici, rilasciata da tecnici qualificati, deve essere allegata al contratto immobiliare e, se la casa è regolamentata, il venditore può includere nel contratto immobiliare una dichiarazione che avrà valore di atto notarile. L'acquirente dovrà fornire il denaro necessario per saldare l'acquisto al momento della stipula del contratto. Nel caso di un'ipoteca, le pratiche devono quindi essere organizzate in anticipo. Al momento della stipula del contratto immobiliare, vanno pagati anche i costi di intermediazione, l'IVA, l'imposta di registro e l'onorario del notaio.

Il mezzo di pagamento più utilizzato è l'assegno circolare, in quanto il pagamento è garantito direttamente dalla banca emittente; raramente il saldo viene effettuato in contanti, ma si possono utilizzare anche assegni bancari o circolari ordinari.

La trattativa: la fase di negoziazione o fase precontrattuale

Non sempre le parti concludono immediatamente un contratto. Esiste spesso una fase precontrattuale in cui ciascuna parte valuta le possibili alternative sul mercato e cerca di negoziare le condizioni migliori, con domanda e offerta che si orientano verso il raggiungimento di un punto d'incontro che soddisfi le esigenze di acquirente e venditore.

In questa fase, detta precontrattuale perché precede l'effettiva conclusione del contratto, si svolgono trattative importanti per l'atto finale. Queste trattative preliminari sono necessarie per determinare i dettagli del trasferimento, come ad esempio: il momento della consegna dell'immobile, il prezzo e i termini di pagamento, la ripartizione delle spese condominiali nel tempo che intercorrerà tra il preliminare e il rogito definitivo, nonché le sopravvenienze già deliberate, una comunicazione dell'acquirente circa l'eventuale necessità di contrarre un mutuo e la comunicazione da parte del venditore di eventuali vincoli sull'immobile.

Anche se durante le trattative non vengono creati diritti e obblighi effettivi, le parti sono tuttavia, ai sensi dell'articolo 1337 del Codice civile, tenute ad agire in buona fede. Questo dovere generale non deve essere considerato come una limitazione della libertà delle parti: queste, nella fase precontrattuale, sono libere di decidere se sono a proprio agio con il futuro contratto e possono anche astenersi dal concluderlo.

Possono essere in grado di concludere il contratto e possono anche non concluderlo. Tuttavia, devono astenersi dal non agire in malafede ed evitare comportamenti che inducano in errore la controparte. (Articolo 1338 del Codice civile).

La proposta di acquisto

Di solito, quando interviene un'agenzia immobiliare, si consiglia al potenziale acquirente di firmare una proposta di acquisto, indirizzata al venditore, in cui si esprime il proprio interesse per l'acquisto dell'immobile e si indica il periodo entro il quale tale interesse permane. Una proposta di questo tipo è definita irrevocabile dall'articolo 1329 del Codice civile: «*Se il proponente si è impegnato a mantenere ferma la proposta per un periodo di tempo determinato, la revoca non ha effetto*» (articolo 1329, paragrafo 1, del Codice civile). La formulazione di un'offerta di acquisto è una delle fasi più delicate della trattativa, poiché dal momento della sua sottoscrizione vincola la parte offerente all'acquisto per un certo periodo di tempo.

Essa vincola il proponente, ma non ancora il venditore, che è libero da qualsiasi obbligo fino all'accettazione e alla firma. Se l'offerta non viene accettata dal venditore alla fine del periodo, diventa inefficace e il potenziale acquirente non ha alcun obbligo. Gli elementi essenziali di un'offerta di acquisto sono:

1. L'intenzione di impegnarsi ad acquistare;
2. La completezza, in quanto deve contenere tutti i dettagli del contratto da stipulare;
3. Forma scritta, poiché la legge richiede questa forma solenne per i contratti di trasferimento della proprietà di beni immobili.

Se si ricorre a un agente immobiliare, quest'ultimo compila un modulo prestampato in presenza dell'interessato e inserisce tutte le condizioni relative alla compravendita. Occorre prestare attenzione al modo in cui viene determinato il prezzo, ossia se è fissato individualmente o in base a criteri. Il prezzo concordato può quindi riferirsi alla superficie effettiva (vendita a misura) o a un importo forfettario (vendita a misura). In genere si ricorre alla vendita a rate. In caso di vendita a misura, una delle parti può chiedere una riduzione o un'aggiunta al prezzo pattuito se, al momento della consegna, la superficie commercializzabile è superiore o inferiore a un ventesimo di quella indicata nell'atto notarile o nel contratto precedente.

L'offerta di acquisto è solitamente accompagnata da un deposito senza interessi sotto forma di assegno bancario emesso dall'acquirente e pagabile al venditore; tale importo rimane "bloccato" (e quindi sottratto alla disponibilità dell'acquirente) per la durata dell'offerta di acquisto. Come già detto, il venditore può valutare altre offerte nel frattempo. Non è quindi certo che, in cambio del "sacrificio" fatto dall'acquirente, la transazione venga conclusa. Se il venditore non accetta l'offerta, l'assegno verrà restituito, ma al contrario, se il contratto viene concluso, cioè nel momento in cui l'acquirente riceve la notifica scritta di accettazione del venditore, il venditore pagherà l'assegno versato, che diventerà una caparra secondo la definizione dell'articolo 1385 del Codice Civile, che verrà analizzato più in dettaglio di seguito.

È importante sottolineare che il contratto si conclude nel momento in cui l'acquirente viene a conoscenza dell'accettazione della proposta irrevocabile di acquisto da parte del venditore e si crea un vero e proprio precontratto, in quanto si tratta di un incontro formale delle menti delle parti per impegnarsi al trasferimento dell'immobile, in conformità al principio consensuale di cui all'articolo 1326 del Codice Civile, secondo il quale «*il contratto si conclude nel momento in cui la parte che ha fatto l'offerta viene a conoscenza dell'accettazione della proposta fatta dall'altra parte*».

Per evitare una significativa interferenza con le aspettative delle parti contraenti, i moduli redatti dalle agenzie immobiliari dovrebbero indicare che l'accettazione dell'offerta di acquisto costituisce un accordo precontrattuale. Il chiarimento di quanto sopra è anche una salvaguardia per il mediatore, che deve chiarire negli ordini di mediazione che, per avere diritto alla sua provvigione, l'accettazione della proposta e la successiva comunicazione di tale accettazione al proponente è determinante per la conclusione del contratto preliminare. Le parti devono decidere se intendono stipulare un accordo di massima e rimandare la stipula del preliminare a una data successiva o, al contrario, se intendono stipulare subito un vero e proprio contratto preliminare di vendita, con la conseguente conclusione della transazione e il diritto alla commissione di intermediazione.

Spesso, per tenere conto delle diverse esigenze delle parti, può essere redatto un nuovo progetto preliminare più specifico e chiaro che sostituisce il modulo prestampato e copre tutti gli aspetti non contemplati nella proposta. Tuttavia, la stipula di un nuovo contratto preliminare che integri e modifichi le disposizioni della proposta di acquisto accettata dal venditore richiede l'accordo di entrambe le parti, in mancanza del quale o una di esse recederà dalla transazione (incamerando o dovendo restituire il doppio deposito cauzionale, come si vedrà più avanti in dettaglio) o dovrà rispettare gli obblighi accettati al momento della sottoscrizione della proposta di acquisto. In quest'ultimo caso, è consigliabile evitare di sottoscrivere proposte di acquisto il cui contenuto non corrisponda a quello dell'offerta preliminare vera e propria (in particolare per quanto riguarda le modalità di pagamento del prezzo, la descrizione dell'immobile e le garanzie). Sulla base di quanto sopra, è quindi sempre preferibile stipulare un contratto preliminare adeguato: tuttavia, nel caso in cui si debba sottoscrivere una proposta di acquisto, si consiglia di:

- Fissare un termine il più breve possibile;
- Specificare un deposito minimo;
- Versare la proposta e l'assegno corrispondente come sopra al venditore e non all'agente immobiliare;
- In caso di richiesta di ipoteca, inserire la clausola "la proposta è valida se non viene accettata l'ipoteca;
- Indicare la compatibilità urbanistica dell'immobile ed eventuali ipoteche;
- In caso di indisponibilità della principale documentazione relativa all'immobile (in particolare gli atti di proprietà e i registri catastali), indicare le modalità di messa a disposizione dei documenti.

Per comodità e semplicità, in pratica si può compilare un apposito modulo predisposto da alcune associazioni di agenti immobiliari (ad esempio FIAIP o FIMAA), dove la maggior parte delle clausole necessarie per una normale compravendita sono già previste e scritte in modo equilibrato.

La questione della qualificazione giuridica delle somme di denaro consegnate in varie forme dal potenziale acquirente al venditore prima della firma del contratto merita particolare attenzione. I termini caparra e acconto sono comunemente utilizzati nei contratti, ma è necessario chiarire alcune cose a questo proposito. In primo luogo, occorre distinguere tra acconto e caparra Un acconto, come previsto dall'articolo 1385 del Codice civile, è un anticipo sul prezzo di acquisto di un immobile versato dall'acquirente al momento della stipula del contratto. In quanto tale, vincola entrambe le parti della transazione. Ciò significa che se l'acquirente si ritira dalla transazione, il venditore può recedere dal contratto e trattenere il deposito. Tuttavia, se il venditore (cioè colui che ha già ricevuto il denaro) si sottrae all'obbligo, l'acquirente può recedere dal contratto e chiedere il doppio pagamento della caparra.

La parte che esegue il contratto (cioè quella che rispetta i patti) può anche scegliere un'altra strada, cioè chiedere al giudice l'esecuzione specifica del contratto (articolo 2932 del Codice civile) o sciogliere il contratto per inadempimento della controparte e chiedere il risarcimento dei danni. Questo tipo di caparra è quindi un accordo contrattuale concluso con la consegna di una somma di denaro al venditore da parte del promesso acquirente, il cui scopo è quello di liquidare in anticipo eventuali danni derivanti dall'inadempimento di una delle parti del contratto. La caparra ha quindi una duplice funzione: adempimenti parziali e rafforzare il vincolo contrattuale. Questo tipo di anticipo ha i suoi vantaggi per entrambe le parti coinvolte: per l'acquirente, è certo di poter ricevere il doppio dell'importo in caso di ripudio; d'altra parte, se l'acquirente è inadempiente, il venditore non restituisce l'importo ricevuto come anticipo, ma entrambe le parti possono sostenere in tribunale che i termini del contratto sono stati rispettati se una delle due parti del contratto non rispetta i suoi obblighi. Se l'accordo di compromesso si riferisce solo al pagamento anticipato, questo termine deve essere inteso come confermativo.

Mentre la caparra confirmatoria può essere definita come una sanzione contrattuale nei confronti della parte inadempiente e allo stesso tempo come una forma di risarcimento a favore della parte inadempiente, la caparra penitenziale è definita nel Codice Civile come "risarcimento per il recesso di ciascuna parte" (articolo 1386 del Codice Civile). Con questa formula, le parti concordano il diritto di recedere dal contratto se lo ritengono opportuno, pagando una somma di denaro predeterminata, chiamata penitenza. Pertanto, se l'acquirente annulla il contratto, perde l'importo pagato; se il venditore annulla, deve restituire il doppio dell'importo ricevuto. La controparte non può pretendere nulla di più, né sotto forma di esecuzione specifica del contratto né sotto forma di risarcimento danni. Un acconto di solito non è altro che una prestazione parziale preventiva, cioè un anticipo sul prezzo finale dell'immobile da restituire se la vendita o l'acquisto non viene portato a termine per qualsiasi motivo. Un acconto è quindi la soluzione più semplice e meno onerosa e, in caso di dubbio sulla reale intenzione delle parti, è l'acconto che deve essere trattato come tale.

Pertanto, come già accennato, le somme versate con la sottoscrizione di una proposta irrevocabile di acquisto, che può essere ulteriormente integrata al momento della conclusione del contratto preliminare, devono essere trattate, secondo la giurisprudenza consolidata, come un anticipo sul prezzo, a prescindere dalle espressioni delle parti, in quanto la natura giuridica e gli effetti dell'anticipo derivano solo dal contratto preliminare (che in questi casi si perfeziona, come già accennato, nel momento in cui l'acquirente riceve la comunicazione scritta di accettazione del venditore).

Pertanto, in caso di mancata accettazione di un'offerta irrevocabile di acquisto, l'agente immobiliare è tenuto a rimborsare l'importo versato, senza altre conseguenze. È quindi importante che la qualificazione dell'importo versato al promettente venditore al momento della sottoscrizione della proposta di acquisto e, a maggior ragione, al momento della sottoscrizione del precontratto vero e proprio, sia molto precisa. Pertanto, è necessario osservare attentamente la scala dei pagamenti nel contratto e l'indirizzo a cui si riferiscono i diversi importi indicati nel pagamento. Può accadere che, oltre al deposito cauzionale, il venditore richieda uno o più acconti sul prezzo, talvolta di importo superiore al deposito cauzionale. In questi casi, è necessario separare i due importi e determinare quanto è un anticipo e quanto un deposito.

Gli anticipi sono solitamente compresi tra il 10 e il 20% del prezzo totale dell'immobile. Se il deposito supera questo importo, deve essere indicato come anticipo.

Il contratto preliminare

Il contratto preliminare di vendita (noto anche come compromesso) è un documento con il quale il venditore e l'acquirente si impegnano a stipulare un contratto successivo, noto come contratto definitivo, che stabilirà i termini del contratto. Nel caso di compravendita di immobili, le parti si impegnano a recarsi da un notaio per stipulare un contratto formale di vendita, il vero e proprio trasferimento di proprietà, che può avvenire con un atto pubblico o una scrittura privata con autenticazione delle firme. L'articolo 1351 del Codice Civile stabilisce che un contratto preliminare è nullo se non è concluso nella stessa forma prescritta dalla legge per il contratto definitivo, e l'articolo 1350 del Codice Civile stabilisce espressamente gli atti che devono essere conclusi per iscritto a pena di nullità, e tra questi vi sono (1) i contratti di trasferimento di beni immobili.

Pertanto, la promessa di trasferire la proprietà di un bene immobile deve sempre essere scritta e contenere tutti gli elementi di un contratto futuro. In particolare, il contratto deve specificare il bene con tutti gli elementi utili a identificarlo in modo inequivocabile, il prezzo e l'oggetto del futuro contratto (elemento particolarmente importante nel caso di più venditori e da non trascurare nel caso di una società, la firma della persona con la capacità giuridica richiesta e la firma di entrambi i coniugi nel caso di un venditore in regime patrimoniale). Tuttavia, può accadere che l'acquirente non sappia ancora chi sarà il futuro acquirente della casa (un figlio, un parente o una società non ancora costituita). In questo caso, è possibile stipulare un contratto preliminare che contenga la cosiddetta clausola "persona da nominare", ossia che consenta di nominare in seguito la persona dell'acquirente, nella cui sfera giuridica il contratto preliminare avrà effetto (articolo 1401 del Codice civile). Un compromesso o un precontratto di vendita di un bene immobile deve contenere i seguenti elementi per evitare problemi:

- Il nome, il cognome, la data e il luogo di nascita (o la ragione sociale e la capacità giuridica di chi firma l'atto se si tratta di una società), il codice fiscale e il regime patrimoniale del venditore e dell'acquirente (quest'ultimo, come detto, può aggiungere una clausola utile "per sé o per una persona da nominare");
- Una descrizione il più possibile precisa dell'immobile, con gli estremi catastali (particella, foglio, particella, sotto parcella, categoria, classe, numero di vani), i confini, il numero civico e la planimetria catastale allegata. Tutti i locali devono essere sempre descritti e si deve prestare particolare attenzione ai locali annessi come soffitte, cantine e garage, che a volte non sono riportati sui fogli catastali;
- Il prezzo pattuito; l'eventuale clausola di variazione del prezzo in caso di vendita differita (questo aspetto è particolarmente delicato in quanto il prezzo pattuito può variare, e anche di molto, soprattutto se si tratta di un immobile in costruzione e ancora in fase iniziale);
- Le modalità di pagamento, indicando chiaramente la parte dovuta all'eventuale acconto, l'anticipo e l'eventuale caparra confirmatoria;
- La data entro la quale le parti intendono stipulare l'atto e il notaio incaricato di stipulare l'atto, normalmente scelto dall'acquirente;
- Il momento della consegna del bene immobile (indicando se la consegna deve avvenire contestualmente alla firma del precontratto, se deve avvenire in concomitanza con il pagamento delle rate, o

al termine della costruzione, prevedendo eventuali penali per il ritardo, o al momento della stipula dell'atto);
- L'esistenza o meno di vincoli ipotecari;
- L'assunzione o l'estinzione da parte del venditore di eventuali ipoteche residue sull'acquirente, con conseguente impegno a cancellare l'ipoteca;
- L'origine del bene, ossia come il bene è entrato in possesso del venditore, con particolare attenzione ai beni ricevuti per donazione o eredità;
- La garanzia del venditore che l'immobile è conforme alle leggi e ai regolamenti urbanistici vigenti, che non vi sono servitù o diritti di terzi su di esso, che tutte le spese condominiali sono state pagate fino ad oggi e quant'altro ritenuto necessario;
- I dati di eventuali agenzie o società immobiliari che hanno accompagnato la vendita e le commissioni di intermediazione pagate.

Poiché il compromesso crea un importante vincolo giuridico, che vincola il venditore e l'acquirente a firmare l'atto definitivo in un secondo momento, è sempre consigliabile farsi accompagnare da un professionista, magari lo stesso notaio che redigerà l'atto definitivo, che poi dovrà:

- Consigliare sotto tutti i punti di vista, al fine di evitare controversie legali;
- Effettuare controlli preliminari (controlli ipotecari, catastali), soprattutto se sono state versate somme ingenti come acconto o caparra;
- Controllare la validità e la portata delle clausole.

La stipula del contratto preliminare è il momento in cui, come già detto, viene versata una parte del prezzo pattuito con un assegno "non trasferibile" intestato al solo proprietario del venditore (o a ogni singolo proprietario in quota proporzionale). È preferibile che venga consegnato a un notaio che provvederà a versarlo al venditore non appena saranno stati effettuati i controlli necessari e il contratto sarà stato copiato.

È importante notare che tutti i pagamenti relativi all'acquisto dell'immobile devono essere effettuati tramite assegno o bonifico bancario, ad eccezione delle transazioni che non superano i 12.500,00 euro. Gli estremi di questi pagamenti devono essere conservati in quanto devono essere menzionati nell'atto dal notaio che lo certifica.

Il contratto preliminare di compravendita stipulato per atto notarile o scrittura privata deve essere registrato presso l'agenzia del territorio competente entro un determinato termine (solo il contratto preliminare di compravendita stipulato da un imprenditore che possiede un terreno edificabile senza deposito non è soggetto a registrazione entro il termine indicato). Tale registrazione è obbligatoria e deve essere effettuata entro 20 giorni dalla stipula del contratto preliminare, ossia dalla sua sottoscrizione, oppure, in caso di proposta irrevocabile, entro 20 giorni dalla comunicazione scritta del proponente dell'accettazione del venditore. Se l'atto preliminare è firmato da un notaio, deve essere registrato dal notaio entro 30 giorni.

L'articolo 1, comma 46, della legge 27 dicembre 2006, n. 296, estende anche all'agente immobiliare l'obbligo di richiedere la registrazione e lo rende responsabile in solido dell'imposta di registro. Per chiarezza: in primo luogo, le parti contraenti sono e restano obbligate a rispettare l'obbligo di registrazione e devono farlo indipendentemente dall'intervento dell'agente immobiliare; tuttavia, quest'ultimo rimane personalmente responsabile se le parti non rispettano l'obbligo e sarà interpellato dalle autorità fiscali per il pagamento. Le principali imposte da pagare al momento della registrazione sono un'imposta fissa di registro di 168,00 euro e un'imposta proporzionale pari allo 0,50% del deposito. Se vengono versati acconti per l'importo del prezzo e il contratto definitivo è soggetto all'imposta di registro, deve essere versata anche un'imposta proporzionale del 3% su ciascun acconto.

L'imposta pagata sulla caparra e sull'anticipo può essere rimborsata detraendola dall'imposta di registro dovuta alla stipula del contratto. Tuttavia, se la vendita è soggetta a IVA, il promittente venditore deve addebitare gli acconti all'aliquota corrispondente alla vendita (ad esempio, il 4% per la prima casa), mentre l'imposta di registro sull'acconto non è rimborsabile. Ai sensi dell'articolo 2645a del Codice Civile, i contratti preliminari per la stipula di contratti di compravendita di beni immobili (o per la costituzione, il trasferimento o la modifica di diritti reali su beni immobili), anche se condizionati o relativi a edifici da costruire o in costruzione, devono essere trascritti se derivano da un atto pubblico o da una scrittura privata con firma autenticata o accertata giudizialmente.

Lo scopo di questa norma è quello di fornire una tutela più efficace al promissario acquirente, fornendogli uno strumento di opponibilità ai terzi degli accordi conclusi con il promittente venditore tra il contratto preliminare e il contratto definitivo. L'obbligo giuridico creato dalla firma del contratto preliminare è infatti efficace solo tra le parti. Ciò significa che, nonostante la firma del contratto preliminare, il venditore può vendere la stessa proprietà ad altre persone o creare diritti reali di usufrutto (ad es. usufrutto, servitù, ecc.) su di essa o che potrebbero aver iscritto un'ipoteca sull'immobile; In questi casi, poiché la vendita o la costituzione di un usufrutto reale o la concessione di un'ipoteca non possono essere annullate dal tribunale, l'unico strumento a disposizione dell'acquirente della cambiale è una richiesta di risarcimento danni. Per questi motivi, è altamente consigliabile procedere alla copia del contratto precedente, che richiede l'intervento di un notaio, poiché, come abbiamo già visto, la legge prevede che il contratto debba necessariamente derivare da un atto pubblico o da una scrittura privata con firma autenticata.

Pertanto, con l'iscrizione del contratto preliminare nel registro immobiliare, le altre possibili vendite dello stesso immobile e, in generale, tutti gli atti compiuti o "subiti" dal promittente venditore non pregiudicano i diritti del promissario acquirente. La riscrittura di un contratto preliminare, che è una sorta di "riserva" di acquisto (esercitabile entro un anno dalla data fissata per il rogito definitivo e comunque entro tre anni dalla data di riscrittura del contratto preliminare), fa sì che colui che per primo riscrive il contratto preliminare (NB: non colui che per primo sottoscrive il contratto preliminare) vinca la controversia con gli altri potenziali acquirenti e possa legittimamente pretendere la fissazione del rogito definitivo. Inoltre, eventuali ipoteche, pignoramenti, ecc. che dovessero colpire l'immobile dopo la trascrizione del contratto precedente non riguarderanno il futuro acquirente.

La trascrizione fornisce inoltre un'ulteriore protezione all'acquirente in caso di inadempimento del contratto precedente, in quanto viene concesso un pegno specifico sull'immobile oggetto del contratto precedente per i crediti dell'acquirente derivanti da tale inadempimento.

Pertanto, in caso di inadempimento del contratto preliminare, il potenziale acquirente può, a sua scelta, vendere l'immobile all'asta e recuperare l'importo pagato come se avesse un'ipoteca a suo favore, oppure ottenere un'ordinanza del tribunale che trasferisca la proprietà dell'immobile a suo favore.

Questa protezione speciale, come già detto, si applica solo se il contratto definitivo viene copiato entro un anno dalla data fissata dalle parti per la sua conclusione e, in ogni caso, entro tre anni dalla copia del contratto precedente. Quest'ultima costituisce una valida garanzia per l'acquirente anche nel caso in cui il venditore (se è un imprenditore) fallisca tra la data del precedente contratto e la data fissata per la vendita.

In questo caso, il curatore fallimentare ha due possibilità: dare esecuzione al contratto (cioè trasferire l'immobile al promissario e incassare l'intero corrispettivo) o annullarlo (cioè rescindere il contratto). Se nella prima ipotesi non ci sono problemi per il promissario acquirente, nella seconda, se non è stato fatto il preliminare, egli diventa un creditore del fallito, che concorrerà con tutti gli altri alla distribuzione dell'immobile (e quindi, nella maggior parte dei casi, non ci guadagnerà nulla). Se, invece, il contratto preliminare viene annullato, egli godrà di un privilegio speciale e avrà quindi diritto a una priorità rispetto agli altri creditori nella distribuzione del ricavato della vendita "forzata" dell'immobile e quindi a essere rimborsato prima degli altri creditori. Pertanto, quanto maggiore è il rischio di una delle conseguenze spiacevoli sopra descritte, vale a dire:

- Più lungo è il periodo che deve intercorrere tra la data di stipula del contratto preliminare e la data di stipula del contratto definitivo;
- Più alto è l'importo da versare come deposito o anticipo;
- C'è un rischio maggiore di azioni da parte di terzi in caso di insolvenza del venditore (ad esempio nel caso

di un venditore che è un imprenditore e potrebbe fallire).

La trascrizione deve essere effettuata dal notaio che ha ricevuto o autenticato il contratto precedente entro 30 giorni dalla conclusione del contratto. È ovviamente preferibile effettuare la trascrizione il prima possibile, poiché l'effetto della riserva decorre dal momento in cui viene effettuata la trascrizione e non dal momento in cui viene concluso il contratto precedente.

Tuttavia, la riscrittura di un contratto precedente comporta costi aggiuntivi, anche se questi sono sproporzionatamente inferiori al danno che si sarebbe potuto verificare se non si fosse proceduto alla riscrittura. I costi sono i seguenti

1. Imposta fissa sulla trascrizione (attualmente 168,00 euro);
2. Un importo fisso per la trascrizione (attualmente 35,00 EUR);
3. L'onorario del notaio (che è circa la metà dell'onorario dell'atto).

Inoltre, se la vendita viene determinata dallo stesso notaio che ha ricevuto la domanda precedente, l'onorario di vendita può essere notevolmente ridotto, in quanto le verifiche ipotecarie (cioè i controlli sullo stato dell'immobile) sono già state effettuate. Se il notaio si limita ad autenticare le firme sul documento preliminare già preparato, i costi si riducono ulteriormente.

Ai costi di cui sopra si aggiunge l'imposta di registro (una percentuale variabile del valore dell'immobile), che deve essere sempre pagata indipendentemente dalla trascrizione. Come già detto, l'oggetto del contratto preliminare deve essere considerato l'obbligo delle parti di riprodurre il consenso che può perfezionare il contratto definitivo; ma cosa succede se una delle parti rifiuta di adempiere al proprio obbligo? In questi casi, la legge offre alla parte inadempiente diversi rimedi per tutelare i propri diritti:

- Può chiedere al tribunale la risoluzione del contratto e il risarcimento del danno subito;
- Può chiedere al giudice di eseguire formalmente il contratto con un atto giuridico specifico chiamato esecuzione specifica dell'obbligo contrattuale (articolo 2932 del Codice civile). In pratica, la parte inadempiente può ottenere una decisione giudiziaria che ha l'effetto di un contratto non concluso;
- In caso di caparra, può chiedere la risoluzione del contratto trattenendola (venditore) o chiedendone la doppia applicazione (acquirente); se utilizza la caparra, non potrà intentare un'azione di risarcimento danni: questi due rimedi non sono cumulabili, secondo la giurisprudenza consolidata.

Il rogito notarile

Il costo dell'atto notarile di vendita o del rogito notarile è solitamente a carico dell'acquirente, che può scegliere il notaio che preferisce. L'atto notarile è l'atto finale di vendita dell'immobile, che trasferisce la proprietà all'acquirente. Questo atto è il titolo giuridico in virtù del quale la proprietà di un bene immobile, in questo caso un immobile, passa formalmente da una parte all'altra. È un errore ritenere che l'immobile venga acquistato al momento della stipula del contratto preliminare, che fa sorgere solo l'obbligo di concludere un contratto di origine convenzionale, cioè le parti si impegnano a recarsi da un notaio e a redigere un contratto formale di vendita, che è il vero momento del trasferimento della proprietà.

Come già ricordato in diverse occasioni, l'articolo 1350 del Codice Civile stabilisce che i contratti per il trasferimento della proprietà di beni immobili devono essere stipulati per atto pubblico o per scrittura privata autenticata da un notaio. L'atto pubblico è un documento redatto da un notaio che dichiara in sua presenza l'avvenuto svolgimento di alcuni fatti, in questo caso la vendita dell'immobile. Con l'atto pubblico, il notaio certifica che le persone sono comparse davanti a lui, hanno espresso una certa volontà che è stata accettata nel documento (atto) e poi l'hanno firmato.

I fatti confermati e descritti nell'atto pubblico costituiscono una prova giuridica completa. In questo caso, il notaio gestisce personalmente l'intera stesura del documento, dopo aver esaminato la volontà delle parti, al fine di tradurlo in un contratto non solo formalmente completo ma anche in grado di produrre il risultato pratico desiderato. Una scrittura privata autenticata, invece, prova solo la data e le firme apposte sul documento.

Nel caso di una scrittura privata, il notaio si limita ad autenticare le firme sul documento, che può essere redatto dalle parti contraenti, da professionisti di loro fiducia o anche dal notaio stesso, come avviene di solito nella pratica. Quest'ultima pratica ha delle conseguenze, in particolare in termini di potenziale responsabilità del notaio. Infatti, in tal caso, salvo casi particolari in cui è esonerato dalle parti, deve comunque effettuare ogni tipo di verifica per assicurarsi che l'immobile sia adeguatamente commerciabile. A questo proposito, di particolare interesse è l'aspetto della responsabilità professionale del notaio per l'omessa o inesatta esecuzione di una visura catastale o ipotecaria. La giurisprudenza ha più volte sottolineato che l'obbligo del notaio di eseguire una visura catastale o ipotecaria in caso di stipula di un contratto di alienazione di beni immobili è contenuto nello stesso contratto di prestazione d'opera intellettuale che lo lega al cliente e prescinde quindi dal fatto che le parti gli abbiano conferito uno specifico mandato.

Tale obbligo viene meno solo per espressa e concordata decisione delle parti, in caso di urgenza o per altre ragioni; mentre la semplice dichiarazione di libertà del bene trasferito resa dal cedente davanti a un notaio non costituisce una rinuncia implicita all'obbligo imposto al notaio stesso. Tuttavia, se al notaio viene richiesto di svolgere indagini in altri uffici (ad esempio, per accertare la legalità della costruzione dell'edificio, i vincoli urbanistici, ecc.), è necessario che gli venga affidato e accettato un incarico specifico.

Il notaio deve verificare con le parti che l'atto sia coerente con il contenuto del precontratto stipulato in quel momento, in modo che l'atto non contenga clausole né in più né in meno rispetto al precontratto. Significative novità in tema di responsabilità notarile sono state introdotte dalla disposizione dell'articolo 19 del decreto legge n. 78 del 31 maggio, modificato dalla legge n. 122 del 30 luglio 2010, che aggiunge all'articolo 1-bis il comma 1. Febbraio 1985, che recita come segue: "Gli atti pubblici e le scritture private autenticate tra vivi, aventi per oggetto il trasferimento, la costituzione o la cessazione di una comunione di diritti reali su edifici esistenti, ad eccezione dei diritti reali di garanzia, devono contenere, per le unità immobiliari urbane a pena di nullità, oltre all'identificazione catastale, il riferimento alle planimetrie depositate nel Catasto e la dichiarazione, resa dagli intestatari negli atti, della corrispondenza dei dati catastali e delle planimetrie con la situazione reale, sulla base della normativa vigente in materia catastale". Tale dichiarazione può essere sostituita da un'attestazione di conformità rilasciata da un tecnico abilitato per la presentazione degli atti di aggiornamento catastale. Prima di redigere tali documenti, il notaio deve identificare i proprietari catastali e verificare la loro corrispondenza con le risultanze dei registri immobiliari.

L'obiettivo di questa norma, che mira alla coerenza oggettiva (cioè alla coerenza tra gli immobili esistenti e le risultanze del catasto) e soggettiva degli immobili (cioè alla coerenza tra gli intestatari iscritti al catasto e le risultanze delle scritture immobiliari), è quello di consentire il miglioramento delle banche dati catastali e di pubblicità immobiliare e di far emergere eventuali differenze nella base imponibile catastale degli immobili urbani, prevenendo così l'evasione fiscale e sociale.

Per quanto riguarda l'ambito di applicazione della norma relativa alla tipologia di atti, occorre innanzitutto chiarire che si deve trattare di atti tra persone viventi, stipulati mediante atto pubblico o scrittura privata autenticata, aventi per oggetto il trasferimento, la costituzione o la cessazione di una comunione di diritti reali, come la vendita/acquisto, la permuta, ecc. Tuttavia, la norma esclude gli atti morti causa, gli atti giudiziari e le ordinanze del tribunale, gli atti derivanti da scritture private non autorizzate e tutti gli atti privi di effetti traslativi, come gli atti preliminari di compravendita. In ogni caso, è consigliabile che i requisiti della norma siano già evidenti nel contratto, per evitare che eventuali irregolarità catastali impediscano l'esecuzione del contratto stesso, stabilendo un contratto definitivo. Al fine di chiarire i numerosi dubbi interpretativi sollevati dalla norma citata, l'Agenzia del Territorio ha emanato due circolari chiarificatrici, la n. 2 e la n. 3, rispettivamente del 9 luglio e del 10 agosto 2010. La prima delle due circolari spiega che il riferimento della norma in questione a "edifici preesistenti" e "unità immobiliari urbane" limita l'ambito di applicazione (questa volta con riferimento all'oggetto dell'atto) a:

- Edifici già registrati nel registro degli edifici della città (cioè già esistenti);
- Beni immobili da registrare al Catasto.

Per contro, l'Agenzia del Territorio prevede che gli atti immobiliari relativi a edifici registrati come:

- In costruzione, o in fase di definizione, nel Registro fondiario fino al loro completamento o definizione, particelle registrate nel Catasto;
- Fabbricati rurali iscritti al Catasto che non hanno modificato né perso i requisiti oggettivi e soggettivi per il riconoscimento della ruralità ai fini fiscali;
- Edifici che sono registrati come "unità partecipanti" nel registro fondiario perché non sono più idonei ad essere abitati o utilizzati per la loro destinazione;

- Terrazze soleggiate e aree urbane che, ai sensi del DPR n. 650/1972, sono iscritte nel catalogo degli edifici urbani solo con l'indicazione della zona;
- Beni comuni non pignorabili, ossia parti comuni a più unità immobiliari e prive di capacità reddituale autonoma, come scale, cortili, terrazze condominiali;
- Beni comuni censibili, ossia beni comuni a più unità immobiliari ma dotati di capacità reddituale autonoma, come ad esempio l'appartamento del custode, quando il trasferimento delle relative "quote e diritti" avviene contestualmente al trasferimento dell'immobile a cui hanno accesso.

Sono invece soggetti a nuovi obblighi di registrazione gli atti che prevedono il trasferimento autonomo di "beni comuni descrivibili" da parte dei condomini (in questo caso, l'unità trasferita perde di fatto la sua funzione di "bene condominiale"), così come gli atti relativi alle unità immobiliari, che riguardano la costruzione di nuovi piani o di nuovi edifici su un lotto già edificato e registrato al Catasto (ad esempio, magazzini, garage, ecc.).

Come già accennato, la prima parte del comma 1-bis dell'articolo 29 della legge n. 52 stabilisce che, a pena di nullità, i suddetti documenti immobiliari relativi a edifici esistenti devono contenere anche il riferimento ai dati identificativi catastali; la circolare n. 2/2010 stabilisce che tali dati identificativi devono essere presentati per capitolo, foglio, numero di mappa (particella) e, se del caso, subaffittuario. Si tratta delle stesse informazioni che fanno obbligatoriamente parte del contenuto delle trascrizioni (articoli 2659, 2660, 2826 e 2839 del Codice civile).

La norma richiede, a pena di nullità, il riferimento alle planimetrie depositate in Catasto e, a tal proposito, la citata

Circolare prevede che, in ogni caso, tali informazioni debbano essere inserite nell'atto anche se le planimetrie relative all'immobile non sono state depositate in Catasto, anche in virtù di una delle eccezioni a tale obbligo (art. 58). D.P.R. 1142/1949) o sono stati dichiarati "inammissibili" (perché non corrispondono allo stato effettivo dell'immobile) o, pur essendo stati depositati, non sono più disponibili presso il Catasto.

L'ultimo dei requisiti previsti dalla prima parte del primo comma dell'articolo 29 è l'inclusione nell'atto negoziale di una dichiarazione degli intestatari che attesti la conformità dei dati e delle planimetrie catastali alla situazione reale dell'immobile urbano oggetto dell'atto. A seguito dell'adozione della legge n. 122/2010 che modifica il decreto legge n. 78/2010, è stato inoltre previsto che quest'ultima dichiarazione possa essere sostituita da un certificato di conformità rilasciato da un tecnico abilitato per la presentazione degli atti di aggiornamento catastale. In pratica, gli atti previsti dalla normativa in questione non possono essere specificati e, se specificati, sono nulli se non c'è corrispondenza tra lo stato di fatto e i dati catastali e le planimetrie depositate, o se tale corrispondenza non è dichiarata nell'atto dai soggetti disponenti, o se non risulta da un'apposita certificazione rilasciata da un tecnico abilitato e allegata all'atto.

Tuttavia, è opportuno chiarire il concetto di coerenza utilizzato dal legislatore, in quanto un'eventuale discrepanza tra la situazione reale e i risultati planimetrici e i dati catastali non preclude la dichiarazione di coerenza e, di conseguenza, la costituzione dell'atto. Poiché la norma è infatti finalizzata a contrastare l'evasione, sono rilevanti solo le modifiche al bene immobile che incidono sulla situazione, sulla conformità e sull'attribuzione della categoria e della classe, cioè sulle componenti che incidono sulla corretta determinazione della rendita catastale. Pertanto, è necessaria una dichiarazione di alterazione per gli interventi edilizi di ristrutturazione, ampliamento, suddivisione, cambio di destinazione d'uso o ridistribuzione degli spazi interni o cambio di destinazione d'uso delle aree aperte. In parole povere, la fusione di due spazi o la divisione di uno spazio in due spazi costituisce una modifica della planimetria. Lo stesso vale se un ripostiglio viene trasformato in un bagno o viceversa, o se un terrazzo viene coperto e trasformato in una stanza. Sono invece accettate le deviazioni minori che non incidono sull'attribuzione della rendita catastale, dal momento che esiste una notevole coerenza tra la situazione reale e le planimetrie depositate, come ad esempio piccole modifiche interne (spostamento di una porta o di un tramezzo senza modificare il numero di stanze e la loro funzionalità, o apertura e chiusura di porte o finestre), modifiche alla toponomastica, o imprecisioni o errori relativi al piano e all'indirizzo.

La discrepanza tra la situazione reale e la planimetria catastale renderà in definitiva inopponibile il contratto di compravendita, a meno che non venga preventivamente presentata una dichiarazione di aggiornamento del catasto e una nuova planimetria, tranne nel caso di discrepanze minori che non comportino modifiche della rendita, che, come si vede, sono irrilevanti a questo scopo. Una volta firmato l'atto, il notaio deve adempiere a una serie di obblighi fiscali e burocratici, tutti molto importanti. In primo luogo, il notaio deve registrare l'atto presso il Catasto (ora Agenzia del Territorio) entro 20 giorni e, allo stesso tempo, pagare le imposte dovute dall'acquirente, ovvero, come vedremo in seguito, l'imposta di registro (o l'IVA se si tratta di un acquisto di un nuovo immobile), l'imposta ipotecaria e catastale e l'imposta di bollo.

L'atto viene portato al Conservatorio in duplice copia; l'originale (che viene conservato) e la copia (che viene restituita al notaio) sono contrassegnati dal numero di registrazione. La copia da riprodurre sarà consegnata al venditore e all'acquirente e l'importo totale delle tasse pagate al momento dell'acquisto sarà indicato sulla prima pagina. Il notaio consegnerà anche una "nota di trascrizione" all'ufficio del registro che riassume tutti i gravami sull'immobile creati dal contratto di vendita. Il notaio registrerà le ipoteche relative al mutuo per l'acquisto, nonché ogni altro diritto "reale" derivante dall'atto: servitù, usufrutto, diritto di occupazione, enfiteusi, ecc.

Il notaio deve inoltre copiare l'atto nei registri immobiliari nel più breve tempo possibile e, in caso di ritardo, è tenuto a pagare un risarcimento, fatta salva l'applicazione delle sanzioni previste da leggi specifiche, se lascia trascorrere 30 giorni o più dalla data di ricevimento o di autenticazione dell'atto (articolo 2671 del Codice Civile).

Il cittadino non può in alcun modo sostituirsi al notaio in questi compiti: può però verificare che siano stati svolti consegnando tempestivamente una copia del documento o, se necessario, effettuando una visura presso la conservatoria. In caso di comproprietà, l'atto deve essere firmato da tutti i comproprietari o da un loro rappresentante munito di procura notarile.

L'acquisto di un'ipoteca su un immobile per il quale l'acquirente non intende stipulare un mutuo su cui è stata iscritta l'ipoteca deve essere trattato separatamente. In questo caso, l'ipoteca deve essere cancellata. La cancellazione dell'ipoteca era legata ai costi sostenuti dal venditore, ma a seguito della riformulazione del decreto Bersani-bis (legge 2 aprile 2007, n. 40), nella legge è stato abolito l'articolo 6 sulla cancellazione delle ipoteche e, al suo posto, sono stati aggiunti all'articolo 13 i commi da 8-sexies a 8-quaterdecies, che prevedono espressamente l'applicazione della nuova disciplina alle ipoteche estinte prima dell'entrata in vigore della legge di riformulazione. Pertanto, per la cancellazione automatica di un'ipoteca devono essere soddisfatte due condizioni: l'estinzione dell'obbligazione; se sono trascorsi trenta giorni dalla suddetta estinzione senza che il creditore (di solito una banca) abbia inviato una controdichiarazione all'ufficiale di stato civile.

Il creditore deve: rilasciare al debitore un certificato della data di estinzione dell'obbligazione, anche se il debitore stesso non ne fa richiesta (da questa data decorre il termine di trenta giorni per l'estinzione "automatica" dell'ipoteca); entro 30 giorni dalla data di cessazione del vincolo, inviare un'apposita comunicazione al catasto affinché quest'ultimo decida di cancellare l'ipoteca. Tutto questo senza alcun costo per il debitore.

Alcuni semplici chiarimenti:

- Le notifiche di cui sopra non richiedono l'autenticazione notarile;
- Non è prevista alcuna sanzione specifica per il creditore che non ottempera ai suddetti obblighi informativi, per cui l'unica tutela possibile per il debitore in tal caso è un'azione di responsabilità civile nei confronti del creditore per i danni subiti a causa del ritardo nella cancellazione dell'ipoteca.

Impedimento: in caso di legittimo impedimento, il creditore può, entro lo stesso termine di 30 giorni dalla data in cui l'obbligazione deve essere estinta (la regola è che dalla scadenza dell'obbligazione), inviare una comunicazione in tal senso al conservatore, che la segnerà a margine dell'iscrizione ipotecaria entro un giorno dal ricevimento.

Se l'ufficiale di stato civile non riceve la suddetta dichiarazione di impedimento ma solo la comunicazione di cessazione dell'obbligazione, provvederà d'ufficio a cancellare l'ipoteca il giorno successivo (naturalmente, dopo la scadenza dei trenta giorni). Nel caso di ipoteche già estinte prima dell'entrata in vigore della legge di conversione, i termini non decorrono dall'estinzione dell'obbligazione, ma dalla richiesta del debitore al creditore per l'estinzione dell'obbligazione. L'acquirente dell'immobile deve quindi verificare il giorno della vendita se l'ipoteca è stata "iscritta per la cancellazione" al Catasto" (Servizio di Pubblicità Immobiliare) e, in caso di dubbio, è consigliabile detrarre l'importo corrispondente all'ipoteca dal saldo del prezzo di acquisto e depositarlo in un libretto bancario presso il notaio, con l'istruzione di consegnarlo al venditore quando quest'ultimo avrà prodotto la prova della cancellazione dell'ipoteca.

Tutti i documenti utili

Prima di iniziare la vendita e l'acquisto di un immobile, dovete sapere che sono necessari alcuni documenti specifici per vendere la vostra casa. Di quali documenti stiamo parlando? In sostanza, si tratta di una serie di certificati e attestati che dichiarano ufficialmente alcune informazioni sull'immobile e sul suo proprietario. Se volete vendere la vostra casa velocemente, è consigliabile avere i documenti necessari per la vendita prima di contattare l'agenzia immobiliare che si occuperà della vendita.

Analizziamo brevemente quali sono i documenti che serviranno per la stipula del contratto o per tutte le altre trafile burocratiche che riguardano l'acquisto o la vendita di un'immobile.

Documenti relativi ai soggetti:

- Documenti d'identità (permesso di soggiorno per i cittadini extracomunitari) e documento d'identità e certificato di stato libero o estratto sommario dell'atto di matrimonio: ciò faciliterà l'inserimento di informazioni precise nell'atto e la verifica dello stato patrimoniale dei coniugi, spesso essenziale per la corretta proprietà dei beni;

Documenti relativi ad atti precedenti:

- Un precedente atto di acquisto dell'immobile da acquistare (può trattarsi di un atto di vendita, di una donazione o di una dichiarazione di successione), al

fine di verificare alcuni accordi da inserire nell'atto e di ottenere un punto di partenza per le indagini ipoacusici;
- Una copia dello statuto condominiale in caso di vendita del condominio;
- Eventuali contratti di costruzione: il loro testo completo non è sempre registrato all'anagrafe;

Documenti relativi a beni immobili:

- Planimetria catastale (rappresentazione grafica dell'immobile come indicato nel catasto): la planimetria deve corrispondere allo stato attuale dell'immobile;
- Per gli edifici costruiti dopo il 1° settembre 1967: permessi di costruzione: autorizzazioni, DIA, permessi di costruzione, varianti, condoni, abitabilità e agibilità, progetti allegati a tali permessi. Questi sono particolarmente importanti perché, come già detto, l'esistenza di abusi comporta sanzioni che vanno da piccole multe a multe salate e obblighi di demolizione in caso di abusi veri e propri (case costruite senza permesso o gravi deviazioni dal progetto originale). Per gli edifici costruiti prima del 1.9.2006, le DIA e le DIA sono i documenti utilizzati per la costruzione dell'edificio. Tuttavia, per gli edifici costruiti prima del 1° settembre 1967, non è necessario allegare alcun documento, in quanto è sufficiente una dichiarazione del venditore, a proprio rischio, che i lavori di costruzione dell'immobile sono iniziati prima di tale data e che successivamente non sono state apportate modifiche che richiedessero un'autorizzazione.

Come abbiamo visto sopra, dal 25 giugno 2008 (DL 112/2008 e L 133/2008), il venditore non è più obbligato a rilasciare e consegnare all'acquirente, al momento della conclusione del contratto, una dichiarazione e garanzia di conformità degli impianti e la documentazione con cui tecnici qualificati attestano tale conformità.

D'altra parte, come abbiamo già visto sopra, dal 1° luglio i venditori di immobili sono obbligati a fornire agli acquirenti un attestato di prestazione energetica (ACE) dell'immobile acquistato al momento della stipula del contratto, o anche in un momento successivo concordato tra le parti, in quanto non previsto a pena di nullità del contratto di vendita.

Come già detto, per gli immobili con una superficie utile inferiore o uguale a 1.000 m2, la consegna dell'ACE può essere sostituita da un'autodichiarazione (non necessariamente inclusa nell'atto di trasferimento) in cui il proprietario dichiara che l'edificio è di classe energetica G e che i costi di gestione energetica dell'edificio sono molto elevati.

Pagamenti:
- I dettagli dei mezzi di pagamento (assegni, vaglia) con cui è stato pagato il prezzo e, se del caso, la commissione.

Le nuove "Norme antiriciclaggio Bersani" prevedono che, a partire dal 6 luglio 2006, i documenti relativi alla vendita di beni immobili debbano indicare, mediante apposita dichiarazione sostitutiva di atto notorio, le modalità analitiche di pagamento del prezzo di acquisto. Questa regola si applica ai pagamenti effettuati a titolo di anticipo o caparra e ai pagamenti del saldo al momento della stipula del contratto, ma non ai pagamenti dovuti dopo la stipula del contratto.

Inoltre, dal 6 luglio 2006, le parti di un contratto sono obbligate a dichiarare, tramite una dichiarazione sostitutiva di atto notorio, se un intermediario è stato coinvolto nella conclusione della transazione. In questo caso, occorre indicare l'ammontare dei costi sostenuti per l'intermediazione e le modalità analitiche di pagamento degli stessi, nonché gli estremi identificativi dell'intermediario, con l'indicazione della partita IVA e del codice fiscale.

Si ricorda quindi che tutti gli assegni consegnati al venditore o all'agenzia devono essere sempre fotocopiati e compilati in ogni loro parte, tenendo conto della data e del luogo di emissione, che spesso vengono lasciati in bianco; inoltre, gli assegni di importo superiore a 12.500,00 euro devono riportare la clausola "NON TRASFERIBILE". Una questione molto delicata è il "prezzo da indicare" nel contratto di vendita. Fino alla legge 248/2006, la prassi era quella di indicare negli atti prezzi inferiori a quelli pattuiti ma leggermente superiori al cosiddetto "parametro fiscale", per evitare ispezioni da parte degli uffici catastali.

Quali documenti sono necessari per vendere una casa?

1. Attestato di prestazione energetica (APE)

L'Attestato di Prestazione Energetica (APE) è un documento che deve essere ottenuto prima che un immobile venga messo in vendita. Descrive le caratteristiche di efficienza energetica dell'immobile e gli assegna una classe energetica, indicata da una lettera compresa tra A e G, dove la classe A rappresenta il livello di consumo ottimale (soprattutto se la lettera è seguita dal simbolo +). Negli annunci che descrivono le caratteristiche di un immobile in vendita, la classe energetica di riferimento e l'indice di prestazione (IPE) devono essere indicati per legge.

Come si richiede l'APE? Se non si dispone di un attestato di prestazione energetica, è necessario rivolgersi a un tecnico qualificato che, dopo aver effettuato un sopralluogo nell'abitazione, redigerà il relativo documento e lo registrerà nel catasto energetico regionale. L'attestato di prestazione energetica APE ha una validità di 10 anni dalla data di emissione.

2. Atto di vendita dell'immobile

L'atto di vendita di un immobile o l'atto notarile di acquisto di una casa è un documento indispensabile quando si vende una casa, in quanto conferma chi è l'effettivo proprietario. Questo documento viene redatto da un notaio quando la proprietà di un immobile viene trasferita da una persona a un'altra nell'ambito di una vendita. L'atto notarile è un documento pubblico ufficiale che certifica la veridicità delle informazioni in esso contenute, ovvero l'identità delle parti contraenti, il prezzo di trasferimento dell'immobile e le modalità di pagamento dell'immobile.

Come richiedere un atto di vendita? Il proprietario dell'immobile deve sempre ricevere una copia dell'atto quando viene redatto dal notaio. Se l'atto viene smarrito, è possibile ottenerne una nuova copia in diversi modi, ma il più semplice è richiederla direttamente al notaio che se ne è occupato al momento dell'acquisto della casa. Se non è possibile trovare il notaio competente, è possibile ottenere una copia dell'atto dall'archivio del notaio competente (quello del distretto in cui il notaio ha lavorato) richiedendola per posta, fax, ma anche per e-mail o recandosi di persona presso l'ufficio.

3. Documenti che attestino la regolarità dell'immobile e degli impianti

Quando intendete vendere un immobile, oltre a tutti i documenti descritti in precedenza, avrete bisogno anche di alcuni certificati che confermino che l'immobile e i suoi impianti sono conformi alla legge. In particolare, è necessario presentare i seguenti documenti:

- Una licenza edilizia, che è un permesso amministrativo rilasciato dal Comune che autorizza la trasformazione del territorio dal punto di vista urbanistico ed edilizio. Questo documento ha sostituito la vecchia licenza edilizia dal 2001, quando è stato adottato il testo unico sull'edilizia;
- Certificato di abitabilità rilasciato dal Comune nel cui territorio si trova l'immobile in questione, per attestare il rispetto delle norme sulla sicurezza e l'igiene abitativa;
- Un certificato di conformità degli impianti, che attesti che gli impianti elettrici, termici e idraulici sono conformi alla legge che disciplina la materia. Questo documento viene rilasciato da un'azienda qualificata che installa i sistemi o esegue interventi di manutenzione. Questo documento non è in realtà obbligatorio per la vendita, ma è una buona idea ottenerlo dal nuovo acquirente.

4. Documenti personali

Quando si vende un immobile davanti a un notaio, sia l'acquirente che il venditore devono produrre una serie di documenti per dimostrare la loro identità:

- Fotocopia della carta d'identità e del codice fiscale;
- Un certificato di stato civile;

- Permesso di soggiorno se l'acquirente o il venditore è un cittadino di un Paese terzo.

5. Planimetria catastale

La planimetria catastale è una pianta in scala dell'immobile da depositare al Catasto: deve necessariamente corrispondere, a pena di nullità della vendita, allo stato attuale dell'abitazione oggetto di compravendita. Una discrepanza tra la planimetria catastale e lo stato dell'immobile può essere il risultato di lavori eseguiti nel corso degli anni che hanno alterato alcune delle caratteristiche originali dell'immobile, come ad esempio modifiche alla disposizione dei locali, alla loro ampiezza o altezza.

6. Indagine ipotecaria sull'immobile

Un altro documento indispensabile per la vendita della casa è la visura ipotecaria. Viene rilasciata dall'Agenzia delle Entrate dopo aver effettuato alcuni controlli sui database ipotecari e catastali per confermare l'assenza di ipoteche, pignoramenti o ingiunzioni sull'immobile. Come posso ottenere un'ispezione ipotecaria dell'immobile? Oggi è possibile richiedere un'ispezione ipotecaria in modo semplice, veloce e gratuito attraverso il sito dell'Agenzia delle Entrate, utilizzando i servizi Entratele e Fisco line.

Capitolo 5

Consigli, suggerimenti e segreti

Le agevolazioni per l'acquisto di un immobile

1. Sgravi fiscali per l'acquisto della prima casa

Una persona che acquista la prima casa, la vende e prima della scadenza di un anno acquista nuovamente una seconda casa qualificata (non gratuita) ha diritto a un credito pari all'imposta di registro o all'IVA pagata sul primo acquisto agevolato.

Il credito non può essere superiore all'imposta dovuta sul secondo acquisto e può essere utilizzato per pagare la nuova imposta di registro stessa, per ridurre l'imposta Irpef nella prima dichiarazione successiva al nuovo acquisto, per ridurre le imposte di registro, ipotecarie e catastali dovute su denunce o atti successivi all'ottenimento del credito, e per compensare altre imposte da pagare con il modello F24, come le ritenute o i contributi previdenziali. Tuttavia, se non si utilizza tutto il credito per pagare la nuova imposta di registro, è sufficiente utilizzare il residuo per ridurre l'imposta Irpef nella prima dichiarazione dei redditi applicabile.

Ricordate che se pagate l'IVA su un secondo acquisto, non potete utilizzare il credito d'imposta al momento dell'autenticazione, ma dovete optare per uno degli usi appena descritti.

Se volete usufruire dell'agevolazione sul secondo acquisto, dovete fornire gli estremi dell'atto di acquisto della casa in base al quale avete ottenuto l'agevolazione e dell'atto di vendita, l'importo dell'imposta e, se avete pagato l'IVA, dovete allegare le relative ricevute.

Il credito d'imposta è disponibile anche se non avete ancora venduto il primo immobile, se lo vendete entro un anno dal nuovo acquisto.

2. Acquisto di un immobile ristrutturato

Se acquistate un immobile ristrutturato, potete richiedere una detrazione del 50%, calcolata sulla base del 25% del prezzo di vendita o di cessione dell'immobile, come risulta dall'atto di acquisto o di cessione. L'importo massimo deducibile rimane comunque di 96.000 euro. Dal 1° gennaio 2021, la deduzione è del 36% sul 25% del prezzo, con una spesa massima deducibile di 48.000 euro. Ma quali costi ci sono da sostenere?

La detrazione per la ristrutturazione di edifici è disponibile anche nel caso di lavori di ristrutturazione e recupero e di ristrutturazione di interi edifici, eseguiti da imprese di costruzione o recupero e da società di costruzione che poi vendono le unità immobiliari. La detrazione è disponibile a condizione che la vendita o il trasferimento dell'immobile avvenga entro 18 mesi dalla data di completamento dei lavori. Questa detrazione non deve essere pagata tramite bonifico bancario.

La detrazione spetta agli acquirenti in base alla loro quota di proprietà dell'immobile fino a un massimo complessivo di 96.000 euro. La detrazione si applica all'acquisto dell'immobile residenziale e non solo a quello pertinenziale: tuttavia, nel caso di un unico atto di acquisto di un'abitazione e di un immobile pertinenziale, la detrazione può essere concessa per l'intero costo fino a un limite di 96.000 euro. Nel caso di due unità abitative acquistate con lo stesso atto, il limite massimo di spesa deve essere indicato per ogni singola unità immobiliare.

È inoltre possibile beneficiare di una detrazione per gli importi pagati in acconto, a condizione che sia stato firmato e registrato un precedente contratto di vendita presso l'ufficio fiscale competente. Se gli anticipi sono pagati in un anno diverso da quello della stipula del contratto, la deduzione degli anticipi può essere richiesta per il periodo d'imposta in cui sono stati pagati o per il periodo d'imposta in cui è stato stipulato il contratto.

Hanno diritto alla detrazione anche il nudo proprietario e il titolare di un diritto reale di godimento su un bene immobile (uso, usufrutto, abitazione).

3. Acquisto o costruzione di garage annessi

L'indennizzo è concesso per la costruzione o l'acquisto (solo per i costi di costruzione documentati dal venditore) di parcheggi, garage, posti auto o stalli.

Si tratta di una detrazione, il che significa che si rimborsa il 50% del costo della costruzione o dell'acquisto di garage o posti auto già costruiti. Dal 1° gennaio 2021, la detrazione sarà del 36%, con una spesa massima detraibile di 48.000 euro.

La detrazione è subordinata all'esistenza di un vincolo di pertinenza con l'immobile residenziale, ossia che il garage o il posto auto sia utilizzato dall'immobile. In caso di costruzione, l'esistenza di una garanzia aggiuntiva deve essere dimostrata mediante una licenza edilizia. Per beneficiare della detrazione, il pagamento deve essere effettuato tramite bonifico bancario, anche in caso di pagamento in acconto.

Se la casa e il garage vengono acquistati contemporaneamente, da una cooperativa o da una società immobiliare, con un unico atto notarile in cui si dichiara che il garage appartiene alla casa, la detrazione può essere utilizzata per le spese di costruzione del garage annesso, il cui importo deve essere documentato separatamente.

Se le condizioni sono soddisfatte, la detrazione è disponibile anche per il coniuge che vive nello stesso nucleo familiare del futuro proprietario del garage. Il coniuge che vive nello stesso nucleo familiare può richiedere una detrazione per la costruzione di un garage annesso di proprietà dell'altro coniuge e a carico del primo coniuge.

Analogamente, anche il familiare convivente che ha effettivamente sostenuto le spese può ottenere la detrazione se attesta su una fattura (intestata all'altro familiare) che le spese per i lavori agevolati sono state sostenute da lui stesso e sono state effettivamente a suo carico.

Se avete pagato con bonifico bancario il costo della costruzione del garage annesso prima dell'atto notarile e se non c'è un acquisto preventivo registrato, perderete la detrazione. Non si perde l'agevolazione se si acquista il garage annesso con un bonifico bancario emesso lo stesso giorno del rogito, ma prima della firma dell'atto, dal quale deve ovviamente risultare chiaramente che il garage acquistato è un immobile annesso al servizio dell'abitazione. Pertanto, se c'è solo una "discrepanza" temporale tra l'emissione del bonifico e la firma dell'atto, cioè se le due operazioni vengono comunque effettuate nello stesso giorno, ciò non pregiudica il diritto al rimborso fiscale.

4. Spese di agenzia immobiliare

Le commissioni pagate agli agenti immobiliari (iscritti all'albo degli agenti immobiliari, sono esclusi i mediatori creditizi) per l'acquisto (compreso l'acquisto del solo diritto di occupazione) dell'abitazione principale sono detraibili (per una definizione, si veda la sezione sugli interessi ipotecari). Si tratta di una detrazione, cioè si rimborsa il 19% delle spese in un'unica soluzione, fino a un massimo di 1.000 euro all'anno.

La detrazione spetta solo all'acquirente dell'immobile. Il venditore dell'immobile non ha diritto alla detrazione, anche se ha venduto la sua abitazione principale pagando una commissione a un intermediario.

Se l'acquisto è effettuato da più di un proprietario, la detrazione, sempre fino a un massimo di 1.000 euro, deve essere ripartita tra i comproprietari in proporzione alle rispettive quote di proprietà, anche se la fattura è intestata a un solo comproprietario. Se la fattura è:

- È intestata a un solo proprietario ma l'immobile è in comproprietà, è necessario completare la fattura con i dati di base del comproprietario mancante;
- Se l'immobile è cointestato al proprietario e a un'altra persona, ma l'immobile è intestato a un solo proprietario, la fattura deve indicare che solo il proprietario ha pagato l'addebito;

5. Imposte da pagare sulla vendita della casa

Se vendete l'immobile, potete realizzare una plusvalenza, ossia una differenza positiva tra il ricavato della vendita e il prezzo di acquisto o il costo di costruzione dell'immobile. Le plusvalenze sono imponibili solo se derivano dalla vendita a titolo oneroso di un immobile acquistato o costruito fino a cinque anni prima. Questo tipo di reddito viene inserito nella dichiarazione dei redditi tra i "redditi diversi" e viene tassato con le normali aliquote Irpef. In pratica, viene aggiunto agli altri redditi dell'anno ai fini della tassazione.

Al posto della normale tassazione, si può optare per un'imposta sostitutiva del 26% (fino al 2019 era del 20%). In generale, questo tipo di tassazione è più conveniente, ma per ottenerla è necessario presentare una dichiarazione a un notaio che la registrerà sull'atto di vendita. Il notaio si occuperà dell'imposta che dovrete pagare in anticipo e informerà le autorità fiscali dei dettagli della vendita.

6. Quali immobili non sono tassati?

Sui beni immobili non si applica né l'imposta ordinaria né quella sostitutiva:

- Per eredità o per uso;
- Ricevuto in dono se, secondo la persona che ha donato l'immobile, sono trascorsi cinque anni dall'acquisto o dalla costruzione dell'immobile (in tal caso le spese di acquisto o di costruzione sono quelle sostenute dal donatore);
- Utilizzata come abitazione principale del cedente o dei suoi familiari per una parte sostanziale del periodo compreso tra l'acquisto (o la costruzione) e il trasferimento.

Come, quando e se negoziare sul prezzo d'acquisto

Come condurre una trattativa immobiliare? Segreti e strategie per condurre correttamente le trattative immobiliari, sfruttando al meglio ogni opportunità per concludere un affare vantaggioso.

In alcune occasioni, alcuni tipi di acquisti richiedono una negoziazione, ossia la possibilità di concordare con il venditore un prezzo inferiore a quello originariamente proposto. Uno dei settori in cui le trattative e le controfferte sono più comuni è quello immobiliare. In questo caso, anche con prezzi elevati, è quasi impossibile che l'acquirente e il venditore si accordino subito su un prezzo finale: ci sono sempre delle trattative, anche minime, che prevedono un'offerta e una controfferta, spesso sotto forma di accordo reciproco, che possono richiedere del tempo prima di raggiungere un risultato finale, su cui si basa la vendita dell'immobile. Da entrambe le parti, tuttavia, vige una regola ferrea: mai tirare la corda troppo a lungo, altrimenti rischia di spezzarsi. Un vecchio detto popolare, particolarmente pertinente in questo caso, recita: chi troppo vuole nulla stringe. Che cosa significa? Significa che l'acquirente non deve giocare troppo al ribasso se non vuole offendere il venditore, che potrebbe rinunciare alla vendita, e, viceversa, il venditore non deve puntare troppo in alto e, soprattutto, non deve essere rigido o troppo fermo nella sua posizione se non vuole che l'acquirente rinunci. Come posso negoziare correttamente l'acquisto di una casa? Esistono piccole strategie intelligenti per fare una controfferta efficace che può portare a una conclusione rapida e proficua della trattativa.

1. Il prezzo richiesto dal venditore: perché dovreste negoziare

Partiamo da una premessa e cerchiamo di rispondere alla domanda: perché negoziare nel settore immobiliare? Come accennato nell'introduzione, il motivo risiede nell'ordine di valore dell'immobile messo in vendita. Quando abbiamo a che fare con grandi somme di denaro, cerchiamo sempre di ottenere uno sconto sull'importo totale, che sia piccolo o grande. Tuttavia, a questi livelli, anche una piccola percentuale di sconto può avere un impatto significativo sul prezzo finale. Facciamo un esempio: una casa è stata messa sul mercato a un prezzo di 200.000 euro e l'acquirente ha ottenuto uno sconto del 10%, pagandola quindi 180.000 euro; 20.000 euro in meno non sono pochi, perché possono essere reinvestiti nell'acquisto di mobili, ad esempio. Se lo stesso sconto venisse applicato a un qualsiasi prodotto dal prezzo di 20 euro, l'acquirente risparmierebbe 2 euro, una cifra quasi irrisoria che rende inutile dedicare del tempo a negoziare l'acquisto. Tuttavia, questo non è l'unico motivo per negoziare l'acquisto di un immobile. Una domanda preliminare da porsi sempre è: la casa vale il prezzo per cui il venditore la offre? Il più delle volte la risposta è negativa, oppure nella maggior parte dei casi l'immobile viene offerto a un prezzo superiore a quello di mercato perché i venditori sono consapevoli di dover affrontare una trattativa e, di conseguenza, una controfferta da parte di un potenziale acquirente. Anche l'aspetto soggettivo deve essere preso in considerazione quando si valuta un immobile, poiché è normale che il venditore abbia una componente sentimentale nella struttura del prezzo, frutto di fluttuazioni personali, e il passato dell'acquirente, completamente assente e quindi con una percezione inferiore del valore dell'immobile.

Alla luce di ciò, è logico che il venditore ponga fine a questa pratica: inizia con un prezzo più alto di quello di mercato per raggiungere un compromesso accettabile per entrambe le parti attraverso una controfferta e una negoziazione.

2. Rischi nelle trattative

Anche se in teoria, e nella stragrande maggioranza dei casi, questo sistema porta a risultati accettabili e reciprocamente vantaggiosi, purtroppo qualcosa va storto. Così come il venditore deve essere furbo nel non esagerare con il prezzo di ingresso sul mercato, l'acquirente deve essere altrettanto furbo nel non fare offerte inferiori. Il rischio è che una trattativa troppo favorevole per l'acquisto dell'immobile scoraggi il venditore dal negoziare. Se il prezzo richiesto per l'immobile è di 200.000 euro, una controfferta di 100.000 euro è ridicola e quasi offensiva e può indurre il venditore a rinunciare alla vendita perché ritiene che l'acquirente non sia realmente interessato all'immobile. È inoltre opportuno informarsi sul valore effettivo dell'immobile prima di fare una controfferta, per capire quanto è aumentato e valutare l'eventuale sconto che si può richiedere. Come ottenere il risultato desiderato? Ecco alcuni consigli per concludere un affare redditizio in poco tempo.

5 consigli per negoziare l'acquisto di una casa

1. Fate un'offerta ragionevole

Come appena spiegato, la controfferta deve essere fatta senza eccesso. Chiunque voglia acquistare una casa sa fin dall'inizio che il prezzo proposto non sarà quello finale, quindi è meglio prendere in considerazione una controfferta. In che modo? Cogliete l'opportunità di visionare l'immobile: durante la visita è opportuno controllare tutti gli aspetti della casa e porre domande all'agente immobiliare o al proprietario, in modo da avere tutti gli elementi in mano per una valutazione coerente. Solo allora potranno iniziare i negoziati. Se il venditore nota l'interesse dell'acquirente e si rende conto che le sue domande sono rilevanti per trovare gli elementi per una buona valutazione dell'immobile, è più facile raggiungere un prezzo finale che si avvicina a quello che si è disposti a pagare.

2. Mostrate interesse, ma non troppo.

Un errore da non commettere quando si cerca casa è mostrare troppo interesse per l'immobile che si sta visionando, anche se si farebbe di tutto per averlo e anche se si è disperati perché si ha un disperato bisogno di una casa. I venditori percepiscono questi elementi e inevitabilmente la trattativa prende un corso diverso, con il venditore che acquisisce tutto il potere di gestire per sé. È giusto mostrare interesse, ma è sbagliato convincere le persone che si è disposti a fare qualsiasi cosa per ottenere un immobile: proprio come nel poker, dove il bluff fa parte del gioco, così è nelle trattative immobiliari. Inoltre, è sempre meglio avere un piano B durante la trattativa, ed è bene che il venditore lo sappia, anche se non lo dice apertamente, perché questo vi darà maggiore tranquillità durante la negoziazione dell'acquisto e, nel caso in cui qualcosa vada storto, avrete sicuramente le spalle coperte con un'altra proposta interessante su cui riorientare il vostro interesse.

3. Non visitate un immobile più di due volte.

Proprio per non mostrare troppo interesse per un immobile, non dovreste visitarlo più di due volte. Non è necessario chiedere più di due appuntamenti per ispezionare completamente l'immobile e individuare eventuali problemi, se usato correttamente. Prima di incontrare il venditore, è opportuno annotare alcune domande generali sull'immobile e sulla sua precedente proprietà per avere un quadro completo della situazione. Durante la visita, occorre annotare tutte le questioni e le specificità individuate e porre senza riserve tutte le domande che possono essere rilevanti per la valutazione. Una seconda visita è utile per avere una prospettiva diversa, ma non è sempre necessaria. Già al terzo incontro, il venditore percepisce che l'acquirente ha un interesse significativo nell'immobile e inizia a negoziare a proprio favore, togliendo così all'acquirente il potere di contrattazione e lasciandolo dalla parte più debole, sotto pressione e quindi a rischio di non raggiungere una conclusione favorevole.

4. Impostazione dei limiti di tempo

È stato dimostrato che le trattative migliori sono quelle che richiedono il minor tempo per concludersi. Pertanto, l'acquirente deve concedere al venditore un termine per accettare la controfferta, trascorso il quale l'acquirente rinuncia all'acquisto. In genere si concedono dai 3 ai 5 giorni per valutare al meglio un'offerta di acquisto, proprio per fare pressione, ma non eccessivamente. Un termine più breve può far sentire il venditore in ansia, il che è controproducente per la trattativa, perché nella maggior parte dei casi questo sentimento porta al rifiuto. D'altra parte, un termine troppo lungo concede molto tempo al venditore, che potrebbe non trovare conveniente vendere alle condizioni della controfferta nella perizia.

5. Dimostrare la certezza economica

Il fattore psicologico nella negoziazione dell'acquisto di un immobile è cruciale e spesso decisivo per il successo della trattativa. Nel momento in cui l'accordo è vicino e mancano solo i dettagli, l'acquirente deve spiegare al venditore che la sua controfferta è l'opzione migliore, in quanto può chiudere immediatamente le trattative, perché ha a disposizione tutto il capitale necessario, o perché potrebbe aver già richiesto un mutuo alla banca. Nel momento in cui il venditore riceve questa informazione e ha così la certezza di un saldo immediato del prezzo di vendita, la transazione è praticamente conclusa.

Nelle trattative immobiliari, il buon senso è sempre il miglior consigliere per un accordo rapido e vantaggioso per entrambe le parti.

Conclusioni

Il mattone è sempre stato uno degli investimenti preferiti dagli italiani e, nonostante gli eventi che ci hanno travolto negli ultimi anni, il mercato immobiliare continua a crescere. Lo dimostrano i dati dell'Agenzia delle Entrate che, insieme all'OMI (Osservatorio Mercato Immobiliare), mostrano cifre interessanti. Le compravendite di abitazioni sono aumentate, così come i prezzi al metro quadro.

Nel quarto trimestre del 2021, le compravendite di abitazioni sono aumentate del 15,9% rispetto al quarto trimestre del 2020, un nuovo dato che conferma le nuove preferenze abitative di individui e famiglie, frutto dei diversi stili di vita e di lavoro emersi durante la pandemia. La minore crescita registrata nel quarto trimestre rispetto ai trimestri precedenti si spiega con il confronto con il quarto trimestre del 2020, quando, a causa della pandemia Covid-19, molte compravendite immobiliari sono state inferiori rispetto ai mesi precedenti. Ci mostra anche un aumento del valore medio di un immobile assicurato, che è di circa 169.000 euro nel primo trimestre del 2022 rispetto ai 165.000 euro del primo trimestre del 2021.

L'aspetto veramente importante per il mercato immobiliare, e non trascurabile, è il prezzo al metro quadro, che ha iniziato a salire. Dopo una crescita del -2,0% nel secondo trimestre del 2021, il costo al metro quadro nel primo trimestre del 2022 ha registrato una crescita del +4,8% per gli immobili di seconda mano e del +2,6% per quelli nuovi. Mentre gli immobili ipotecari hanno registrato un aumento del +3,6%.

Sebbene i dati mostrino una crescita dei prezzi per il costo al metro quadro, ciò non significa che la crescita sia uniforme in tutto il Paese. Se si analizza l'andamento dei prezzi a livello territoriale, si nota che i prezzi sono aumentati maggiormente nel Nord-Est e nel Nord-Ovest (rispettivamente +5,2% e +5,1%), mentre al Centro e al Sud e Isole sono aumentati meno (rispettivamente +0,7% e +0,5%).

I dati e le varie indagini condotte hanno inoltre evidenziato che la superficie degli immobili per i quali si è registrata una domanda di affitto nel primo trimestre del 2022 è scesa a 113 mq, per cui gli italiani sono propensi ad acquistare superfici sempre più piccole. Questo fenomeno si spiega con l'aumento della domanda da parte dei giovani sotto i 36 anni, che negli ultimi tempi sono diventati una forza trainante e un segmento importante del mercato immobiliare. Il 44% dei giovani chiederà un mutuo nel primo trimestre del 2022, rispetto al 27% del primo trimestre del 2021, con un aumento della domanda di quasi 20 punti percentuali. A questo proposito, si può ipotizzare che i giovani abbiano risorse finanziarie limitate e che i richiedenti siano spesso single o giovani coppie, per i quali sono quindi sufficienti case più piccole.

Appendice

Glossario

A.N.A.M.A.: Associazione nazionale degli agenti d'affari. Organizzazione degli agenti immobiliari aderenti a Confesercenti.

Abitabilità: le condizioni legali che rendono un edificio o un'abitazione abitabile: licenza, permesso di soggiorno.

Abitazione principale: abitazione in cui si ha la dimora abituale. Ai fini fiscali, questa è la definizione utilizzata per i rimborsi delle imposte sugli immobili (Irpef e Ici) ed è diversa dalla definizione di "prima casa" utilizzata per le imposte sui trasferimenti (compravendite, eredità, donazioni). Inoltre, per l'Irpef (detrazioni per reddito e mutui per l'acquisto) è sufficiente che vi abitino i familiari del contribuente, mentre per l'Ici è necessario che vi abiti il contribuente stesso.

Abusi edilizio: alterazione della struttura o del volume di un edificio che non sia stata approvata dalle autorità competenti o che non sia stata successivamente rettificata. L'abuso edilizio vieta il trasferimento della proprietà.

Accertamento: controllo effettuato anche dalle autorità fiscali nel caso di acquisto e vendita di beni immobili, con cui verificano la dichiarazione fatta (o non fatta) dal contribuente e poi comunicano la loro valutazione. Nel caso di un atto immobiliare, la valutazione è automatica se il valore dichiarato è inferiore a 100 volte la rendita catastale.

Accollo di un mutuo: contratto in base al quale l'acquirente di un immobile ipotecato, invece di richiedere l'estinzione dell'ipoteca e la sua cancellazione, si assume l'obbligo di pagare le rate rimanenti, in cambio di un apparente "sconto" sul prezzo dell'immobile acquistato. Le banche di solito utilizzano la cosiddetta "assunzione cumulativa", in base alla quale il debitore originario (il debitore "garantito") rimane responsabile in solido con il nuovo debitore (il "creditore garantito").

Acquisto: acquisto, proprietà: acquisto di una casa.

Affitto: trasferimento temporaneo del godimento di un bene mobile o immobile in cambio del pagamento di un canone d'affitto; locazione: dare, affittare un appartamento; nell'uso comune, la stessa cosa di un leasing: noleggiare un'auto. 2 Un prezzo concordato per tale godimento per un periodo di tempo: pagare l'affitto.

Agente immobiliare: un agente nella vendita di una casa. L'agente non deve mai essere il proprietario dell'immobile e deve essere iscritto nel registro degli agenti tenuto dalla Camera di Commercio.

Agenzia immobiliare: un'azienda che opera come broker: un'agenzia immobiliare per l'acquisto, la vendita e la locazione d'immobili Un contratto d'intermediazione con cui una parte si impegna a promuovere, per conto dell'altra, la conclusione di contratti in un settore specifico, dietro pagamento di un compenso, solitamente fissato in percentuale.

Agriturismo: una forma di turismo che prevede il soggiorno in un'azienda agricola a pagamento o con l'obbligo di partecipare ad attività stagionali.

Alloggio: un luogo in cui qualcuno risiede; un'abitazione, una casa: trovare, affittare, trovare un alloggio; case popolari.

Ammortamento: rimborso del debito a rate: ammortamento di un prestito; ammortamento del debito pubblico. Ad esempio: mutuo.

Ampliamento: ampliare, estendere, ingrandire: ingrandire un edificio, una stanza.

ANACI: Associazione nazionale dei gestori d'immobili.

Androne: un passaggio che conduce dalla porta esterna di un edificio a una scala o a un cortile interno.

Appalto: contratto con il quale una persona o un'impresa (contraente) si impegna, a proprio rischio e con i propri mezzi, a svolgere un'attività o a eseguire un lavoro affidatogli da un'altra persona, impresa o ente (committente), in cambio di un corrispettivo in denaro: dare, accettare; offrire; ottenere un contratto.

Appartamento: edificio o parte di edificio in cui si vive; casa, abitazione: abitazione modesta e lussuosa.

Arbitrato: la risoluzione di una controversia civile davanti a uno o più arbitri nominati dalle parti, anziché davanti a un tribunale.

Assegnazione degli alloggi: il diritto di rilevare gli alloggi pubblici o le associazioni edilizie prima del trasferimento di proprietà. Oppure una decisione del tribunale che assegna un alloggio familiare a uno dei coniugi separati o divorziati.

Assemblea condominiale: l'organo collettivo che rappresenta la volontà del condominio. Partecipano tutti i proprietari a titolo personale e, in alcuni casi, usufruttuari e affittuari. Questi ultimi hanno spesso il diritto di votare sulle delibere riguardanti l'impianto di riscaldamento e condizionamento.

Assemblea: l'organo sovrano di un condominio; possono partecipare tutti i condomini, indipendentemente dalla loro quota di proprietà.

Asta: la vendita pubblica di beni al miglior offerente: vendere, mettere all'asta; un'asta fallimentare, un'asta dei beni di un'azienda o di un imprenditore in bancarotta; una procedura con cui l'autorità monetaria di un Paese mette all'asta titoli di Stato ordinari; un'asta pubblica, una procedura con cui il governo o un'altra autorità pubblica mette all'asta l'esecuzione di un lavoro o la prestazione di un'attività o di un servizio; un'asta al rialzo, un'asta al ribasso, con offerte che aumentano il prezzo (nel caso di una vendita) o lo abbassano (nel caso di un contratto).

Attico: il piano residenziale posteriore di un edificio, costruito su un canale e solitamente arretrato rispetto alla facciata.

Atto notarile: un documento ricevuto da un pubblico ufficiale in cui sono riportate dichiarazioni giurate o affidavit.

Atto pubblico: un documento redatto in forma legale da un notaio o da un altro pubblico ufficiale che normalmente ha l'obbligo di verificarne il contenuto.

Autocertificazione: dichiarazione di un cittadino che attesta, sotto responsabilità penale, i propri dati personali; può sostituire un certificato rilasciato dall'ufficio comunale competente.

Avviso immobiliare: un breve testo scritto che comunica una notizia: annuncio di nascita | annuncio economico, offerta o richiesta d'interesse economico, pubblicato dai giornali in sezioni speciali, ad esempio: avviso di proprietà | annuncio, testo, immagine, sequenza, utilizzato per pubblicizzare un prodotto, un servizio.

Bagno: una camera con bagno e toilette; il bagno stesso e, eufemisticamente, la camera con la sola toilette.

Balcone: si tratta di un cornicione in pietra o cemento armato racchiuso da un parapetto, che sporge dal muro esterno dell'edificio e corrisponde alla portafinestra.

Bed and Breakfast: forma di alloggio turistico di tipo familiare in camere della residenza principale della famiglia, con prima colazione, pulizia e cambio della biancheria da letto. Non necessita di partita IVA né d'iscrizione al registro dei commercianti ed è stato recentemente riconosciuto dalla maggior parte delle regioni. Il reddito derivante da questo titolo deve essere dichiarato come "reddito diverso".

Beni immobili: i beni immobili sono i terreni, gli edifici e le strutture, le sorgenti, i corsi d'acqua, tutto ciò che è artificialmente o naturalmente incorporato nel terreno (ad esempio, un tubo dell'acqua o un albero).

Bilocale: appartamento con due camere da letto; un'unità immobiliare composta da due stanze e servizi.

Bow-Window, finestra ad arco: parte di un ambiente visibile all'esterno della facciata di un edificio, ad esempio una terrazza vetrata.

Box: un garage al piano terra o al piano interrato di un edificio per il ricovero di un'autovettura.

Buon entrata: importo richiesto in aggiunta all'affitto come condizione per la stipula di un contratto. Spesso illegale.

Buona fede: nel linguaggio giuridico, l'ignoranza della violazione di un diritto altrui. Se non è accompagnata dall'ordinaria diligenza, può non essere sufficiente a mitigare le conseguenze dell'atto illecito.

Buonuscita: l'importo concordato dal locatore con l'affittuario per consentirgli di lasciare l'immobile in affitto.

Caparra: somma di denaro o altro bene convertibile versata da una parte di un contratto all'altra al momento della conclusione del contratto, in particolare di un precontratto, a garanzia dell'adempimento o come penale in caso di risoluzione illecita: caparra, caparra penitenziale.

Capitolato: ina descrizione precisa e dettagliata dei lavori da eseguire e dei materiali da utilizzare, che costituisce parte integrante del contratto che affida all'impresa la costruzione, la manutenzione o la ristrutturazione di un edificio.

Casa: edificio a uno o più piani, suddiviso in stanze, adibito ad abitazione;

Catasto: un ufficio finanziario in cui sono conservate le planimetrie catastali, su cui sono conservate le planimetrie degli edifici e le mappe dei terreni.

Categoria catastale: esistono cinque categorie catastali: A (abitazioni), B (edifici a uso collettivo, come caserme militari o scuole), C (commerciali, come garage, negozi, capannoni), D (edifici industriali), E (edifici speciali). All'interno di ogni categoria ci sono diverse distinzioni: tra le abitazioni ci sono A1 (lusso), A2 (civile), A3 (commerciale), A4 (vernacolare), A5 (molto vernacolare), A6 (case di campagna), A7 (cottage), A8 (ville), A9 (edifici storici). Nella carta è spesso abbreviato in "CAT.".

Chalet: piccola struttura in pietra o legno utilizzata come riparo in alta montagna.

Circuito di scambio: un'organizzazione internazionale che facilita lo scambio di periodi di residenza tra proprietari di multiproprietà o di diritti simili. I più importanti sono Rci e Interval International.

Classe: il numero di classi catastali varia notevolmente. Ogni categoria catastale (vedi) corrisponde a una singola categoria (unica) fino a decine di categorie. Si tratta di un identificatore di proprietà aggiuntivo assegnato dall'ufficio geodetico. L'abbreviazione "CL." È spesso utilizzata nell'atto.

Compromesso: contratto preliminare di vendita di beni immobili | Accordo tra le parti per delegare ad arbitri la decisione su una controversia.

Concessione edilizia: atto con cui il Comune autorizza la costruzione di un edificio, a condizione che la sua destinazione d'uso e i volumi realizzati siano conformi agli strumenti di pianificazione. Qualsiasi deviazione dalla concessione costituisce un abuso edilizio. Una casa in cui è stato commesso un abuso non autorizzato può essere venduta, ma il venditore deve dichiararlo nel contratto di vendita.

Condono edilizio: se ci sono discrepanze tra la planimetria originariamente registrata al Catasto e quella attuale, ci sono due possibilità: o ci sono semplici irregolarità formali che possono essere corrette con una semplice registrazione al Catasto, oppure ci sono irregolarità sostanziali che violano le leggi e i regolamenti in materia di urbanistica e devono essere "corrette" con un condono edilizio. Una casa non approvata non può essere venduta.

Conduttore: sinonimo d'inquilino.

Conservatoria del Registro: l'ufficio in cui vengono conservati e aggiornati i documenti che attestano il trasferimento di proprietà di un bene immobile.

D.I.A.: dichiarazione d'inizio attività. È un documento redatto da un professionista qualificato che descrive i lavori di manutenzione d'emergenza da eseguire su un immobile.

Decreto di esproprio: un atto dell'autorità pubblica competente che decide l'esproprio di una proprietà privata nell'interesse pubblico.

Dependance: dependance separata facente parte di una villa, di un albergo, ecc.

Deposito cauzionale: un importo versato a titolo di garanzia. In un contratto di locazione, viene pagato dall'inquilino per garantire una buona manutenzione della casa.

Dimora: luogo in cui una persona risiede temporaneamente; ampiamente, una casa, una dimora: fissare, stabilire una dimora in un luogo; una dimora umile e signorile; non ha una dimora fissa, è nomade.

Direttore dei lavori: in un rapporto contrattuale, un tecnico nominato dall'ente appaltante per ispezionare il lavoro svolto dall'appaltatore.

Diritto di abitazione: diritto non trasferibile di risiedere nell'abitazione per soddisfare le esigenze abitative proprie e della famiglia (articolo 1022 del Codice civile).

Disimpegno: disconnessione, disconnessione | (stanza) disconnessione che serve come deposito o accesso ad altre stanze.

Dispensa: locale in cui si tengono le provviste sulle navi da carico; in una casa, stanza o credenza in cui si conservano gli alimenti: avere una dispensa ben fornita.

Domicilio: il luogo in cui una persona ha la sede principale dei suoi affari e interessi | scelta del domicilio, designazione di un domicilio specifico in relazione a determinate questioni o scopi mediante atto scritto | domicilio fiscale che ogni soggetto passivo deve avere per trattare con le autorità fiscali.

Elementi decorativi di un edificio: l'armonia architettonica dell'aspetto esterno di un edificio, considerato un bene protetto nei rapporti condominiali.

Entroterra e/o Hinterland: il territorio che circonda una grande città, sul quale la città esercita un'influenza sociale, economica e culturale e la cui forza lavoro viene utilizzata principalmente: Cinisello Balsamo è un comune dell'hinterland di Milano.

EURIBOR: tasso di riferimento interbancario pubblicato giornalmente dalla Federazione bancaria europea come media ponderata dei tassi d'interesse ai quali le banche operanti nell'Unione europea prestano i depositi.

EURIRS: tasso di riferimento interbancario pubblicato giornalmente dalla Federazione bancaria europea come media ponderata dei tassi ai quali le banche operanti nell'Unione europea scambiano i depositi. Chiamato anche IRS.

Evizione: la perdita di proprietà di una cosa da parte dell'acquirente se un'altra persona con una proprietà maggiore | l'assicurazione contro lo sfratto, una garanzia che il venditore deve dare all'acquirente in caso di rivendicazione da parte di terzi della cosa venduta.

F.I.A.I.P: Federazione Italiana Agenti Immobiliari Professionali. Organizzazione di categoria degli agenti immobiliari iscritti alla Confedilizia.

F.I.M.A.: Federazione italiana mediatori agenti d'affari. Organizzazione professionale degli agenti immobiliari aderente a Confcommercio.

Fallimento: una procedura in cui un imprenditore viene privato dei suoi beni a beneficio di diversi creditori. Il fallimento coinvolge il tribunale fallimentare, un giudice autorizzato, un amministratore e un comitato dei creditori. I creditori si dividono in privilegiati e chirografari: i creditori privilegiati (compresi quelli che detengono un'ipoteca sull'immobile o lo Stato per crediti fiscali) hanno diritto a essere soddisfatti per primi e a continuare a maturare interessi sul credito, mentre i creditori chirografari vengono lasciati indietro.

Federamministratori: associazione nazionale degli amministratori condominiali e immobiliari.

Fideiussione: l'atto con cui una parte (fideiussore o garante) si vincola personalmente al creditore di un'altra parte (debitore) e garantisce l'adempimento di un'obbligazione. In genere, il garante e il debitore sono responsabili in solido, il che significa che una richiesta di risarcimento può essere avanzata nei confronti dell'uno o dell'altro (a meno che non sia prevista una priorità). Al momento del pagamento, la fideiussione diventa creditore del debitore.

Foglio di mappa: rappresentazione grafica di una parte del territorio a fini catastali, in cui sono inserite le forme geometriche delle particelle catastali; a ogni particella viene attribuito un numero di riferimento chiamato mappale.

Franchising: affiliazione commerciale. Si tratta di un contratto con cui un'azienda permette a un'altra di utilizzare il suo marchio e il suo know-how in cambio di un compenso. È molto comune nel settore delle agenzie immobiliari.

Frazionamento del mutuo: si tratta di un prestito erogato dalla banca in più rate. È un sistema di erogazione che riguarda grandi edifici composti da più unità abitative in fase di costruzione, ricostruzione o ristrutturazione. Il frazionamento può essere: orizzontale: il mutuatario fornisce un'unica dichiarazione di frazionamento tra le diverse unità abitative; verticale: il mutuatario richiede pagamenti in diverse tipologie, in diverse valute, con diversi tipi di tassi d'interesse (variabili e fissi), con diversi periodi di rimborso (mensili, trimestrali e semestrali). Tale frazionamento consente al costruttore di offrire agli acquirenti di case una scelta più ampia al momento dell'accensione di un mutuo.

Garage: vedi Box.

Gazebo: chiosco da giardino; piccolo belvedere.

Giardino: area in cui si coltivano fiori e piante ornamentali: giardino privato, pubblico; giardino pensile, giardino in terrazza; giardino all'italiana, suddiviso in aiuole disposte geometricamente; giardino all'inglese con ampi prati, boschetti e piante sparse | giardino zoologico | vivaio, asilo per l'educazione precoce dei bambini fino a sei anni | serra, un grande spazio con pareti di vetro pieno di piante, un tempo tipico degli alberghi o delle ville di lusso.

I.R.S. (Interest Rate Swap): è il tasso di interesse che regola le operazioni di swap, ossia lo scambio di denaro a tasso fisso e denaro a tasso variabile. Dato che le banche che prestano denaro a tasso fisso stanno "coprendo" tale transazione, il tasso d'interesse sui mutui a tasso fisso viene solitamente fissato aggiungendo uno spread di 1,5-2 punti sopra l'Irs.

Imposta di registro: imposta riscossa sulla registrazione dei trasferimenti di beni immobili tra persone fisiche o tra società non commerciali o di altre transazioni (ad esempio, contratti di locazione o di merci). Per i trasferimenti, è del 3% per la prima abitazione e del 7% per gli altri beni immobili. Per la registrazione dei contratti di locazione, è pari al 2% annuo dell'affitto.

Imposta di successione: imposta che colpisce i trasferimenti in caso di morte, abolita dalla recente legislazione. Le imposte ipotecarie e catastali continuano a essere dovute sui beni immobili o sui diritti sui beni immobili inclusi nell'attivo ereditario, con un'aliquota rispettivamente del 2% e dell'1% della base imponibile determinata in conformità alle disposizioni sull'imposta di successione.

Imposta sulle donazioni: a differenza della successione, le donazioni sono tassate in modo diverso a seconda del rapporto tra il donatore e il donatario. Non sono soggette a imposta le donazioni al coniuge, ai discendenti in linea retta (padre/figlio; nonno/nipote) e ad altri parenti fino al quarto grado (zio/nipote; fratelli, cugini). Se la donazione riguarda beni immobili, sono dovute solo le imposte ipotecarie (2%) e catastali (1%). Tuttavia, se il beneficiario non rientra nelle categorie di cui sopra e il valore della donazione ricevuta supera l'esenzione di 180 759,91 euro, sul valore eccedente l'esenzione sono dovute le stesse imposte previste per gli atti di vendita. L'imposta di registro deve poi essere pagata nella misura stabilita per i diversi tipi di merci dalle disposizioni relative a questa imposta. Per le persone disabili, l'importo dell'esenzione è aumentato a 516 456,90 EUR.

Imposte di trasferimento: si tratta di imposte dovute in caso di vendita, successione o donazione: imposta di registro (o IVA se il venditore è una società immobiliare), imposta ipotecaria e catastale a carico dell'acquirente; imposta Invim precedentemente pagata dal venditore.

Imposte ipotecarie e catastali: pagabile in caso di acquisto, eredità e donazione, per un totale del 3% del valore dell'immobile, a meno che non venga pagato in misura fissa (258,23 euro), come nel caso dell'acquisto di una prima casa.

IMU (Imposta Municipale Unica): imposta diretta sui beni immobili riscossa dai comuni.

Ingresso: un passaggio, un'apertura attraverso la quale si entra in un luogo: l'ingresso di un edificio, di una banca; la porta d'ingresso; un'apertura, una barriera all'ingresso; una stanza che funge da anticamera: aspettare qualcuno in un atrio.

Inizio attività: si tratta dell'indennità che il locatore di un immobile diverso da un'abitazione deve versare al locatario al termine della locazione nei casi previsti dalla Legge 392/78.

Inquilino: chi vive in casa altrui e paga l'affitto al proprietario.

Ipoteca: diritto reale che garantisce un bene immobile o un bene mobile registrato (navi, aerei, automobili) e che dà al creditore il diritto di espropriare, anche in presenza di terzi, il bene immobile posto a garanzia del suo credito, e di essere soddisfatto in via preferenziale con il ricavato dell'espropriazione: dare, prendere, estinguere, cancellare un'ipoteca; liberare da un'ipoteca; ipotecare un bene immobile; ipotecare, dare, ipotecare su qualcosa.

IRPEF: un'imposta sul reddito delle persone fisiche. Ai fini IRPEF, il reddito di una casa è pari alla rendita catastale. Se avete più di una casa, l'affitto di quelle in cui il proprietario o i suoi familiari non vivono direttamente viene aumentato di un terzo.

IRPEG: imposta sul reddito delle persone giuridiche (società).

Istruttoria nel mutuo: un'analisi del reddito e delle spese mensili di una famiglia o di un'azienda effettuata da un istituto di credito per determinare la capacità futura del richiedente di rimborsare un prestito ipotecario. Il costo della valutazione può essere incluso nel costo del mutuo ipotecario o pagato separatamente.

IVA (imposta sul valore aggiunto): una tassa imposta dal governo sulle transazioni di natura commerciale. Nelle transazioni immobiliari, l'IVA è sempre dovuta quando un'azienda o una società di costruzioni vende o affitta. L'IVA è pari al 4% del valore dichiarato per l'acquisto della prima abitazione e del suo arredamento e al 10% per le altre. Anche i contratti e, in generale, tutti gli acquisti di oggetti o materiali (dalle lampadine ai condizionatori) sono soggetti a IVA.

Locatario: colui che riceve la proprietà in affitto; affittuario: il locatario di un'abitazione.

Locatore: colui che trasferisce la proprietà in affitto: il locatore dell'abitazione.

Locazione: contratto con il quale una parte (il locatore) concede a un'altra (il locatario) l'uso di un bene mobile o immobile per un tempo e per un corrispettivo determinati; locazione: affitto di una casa.

Loft: una grande mansarda o un ex magazzino trasformato in un appartamento o studio all'aperto.

Mandato: contratto con cui una parte si impegna a compiere uno o più atti giuridici per conto di un'altra. La parte che conferisce il mandato è il mandante e la parte che lo riceve è il mandatario. A differenza del mediatore, l'agente cura gli interessi di una sola parte e ha diritto a un compenso anche se non viene raggiunto un accordo. Si distingue tra mandati con e senza rappresentanza. Nel primo caso (il più comune), gli effetti giuridici degli atti compiuti sono in capo al mandante (colui che ha conferito il mandato); nel secondo caso, sono in capo al mandatario (colui che ha ricevuto il mandato), il quale deve però, con un atto successivo, trasferire il diritto acquisito a proprio nome.

Mansarda: una stanza con finestre creata in un sottotetto.

Mediatore: o chiamato anche broker, è una persona che, in modo imparziale e neutrale, riunisce o mette in contatto due o più parti (persone o imprese) allo scopo di concludere una transazione commerciale senza essere legato a una di esse da un rapporto di collaborazione, dipendenza o agenzia. Un agente immobiliare è un esempio di broker: la sua attività è la compravendita.

Mobili e arredi: oggetto o insieme di oggetti utilizzati per arredare un luogo; arredo urbano, (arh.) Tutto ciò che completa funzionalmente lo spazio urbano (es. Tettoie, panchine, lampade); arredi sacri utilizzati nel culto (paramenti clericali, calice, ecc.).

Multiproprietà: l'acquisto del diritto di utilizzare un'abitazione per un periodo fisso di un anno. Nell'ordinamento giuridico italiano, il diritto si acquisisce solitamente su una parte dell'immobile. Nel sistema anglosassone (multiproprietà), una parte viene acquistata e la gestione delle quote è affidata a un trust. Esistono formule miste, come la "nouvelle proprietà" francese, in cui la proprietà viene acquistata nella sua interezza e allo stesso tempo viene trasferito un diritto d'uso decennale a una società di gestione che lo utilizza per affittare l'immobile a terzi.

Mutuo a tasso fisso: un mutuo con una rata fissata al momento della stipula del contratto.

Mutuo indicizzato: un mutuo il cui tasso d'interesse varia in base alle variazioni dei valori di riferimento. Ad esempio, se il mutuo è legato all'EURIBOR, le rate aumenteranno e diminuiranno in proporzione all'aumento e alla diminuzione del valore di questo tasso.

Mutuo misto: un mutuo che ha un tasso d'interesse fisso per un certo periodo e continua ad avere un tasso d'interesse variabile o fisso per il resto della durata (compresa un'opzione da parte del cliente), ma a condizioni diverse da quelle iniziali.

Mutuo non garantito o chirografario: un tipo di prestito ipotecario, di solito con una scadenza massima di cinque anni, con una garanzia personale piuttosto che un'ipoteca, solitamente concesso per prestiti fino a un importo relativamente piccolo (ad esempio per la ristrutturazione di una casa).

Negozio: locale direttamente accessibile dalla strada, di solito al piano terra, dove si vendono merci al dettaglio; anche un'attività commerciale al dettaglio che gestisce tali locali; negozio: negozio ben fornito, di lusso; negozio di articoli sportivi, parrucchiere; aprire, rilevare un negozio.

Norme contrattuali sui condomini: regolamento approvato all'unanimità dal condominio o imposto dal costruttore agli acquirenti delle unità di un edificio. Può essere modificato solo con il consenso (a eccezione delle semplici regole di gestione) e deve essere allegato al contratto di acquisto. L'acquisto di un condominio spesso implica l'accettazione automatica del regolamento condominiale.

Nuda proprietà: ciò che rimane del titolo di proprietà dopo il trasferimento dell'usufrutto. Il nudo proprietario non ha alcun diritto sulla casa fino alla scadenza dell'usufrutto.

Open Space, spazio aperto: una disposizione degli spazi interni, in particolare degli uffici, con ampie stanze suddivise in aree da elementi di arredo come armadi o scaffali.

Palazzina: una casa signorile non molto grande, per lo più con giardino; un cottage.

Palazzo: edificio di grandi dimensioni e pregio architettonico, utilizzato in passato soprattutto come residenza di re, principi o famiglie nobili, ma oggi soprattutto come sede di autorità statali, uffici pubblici, istituzioni culturali, ecc.

Particella catastale: una particella di terreno o un'unità immobiliare nella rappresentazione del foglio catastale, appartenente alla stessa "ditta catastale" (proprietario, società, ecc.) E avente una sola qualità, classe, designazione.

Partita catastale: è il documento in cui tutte le unità immobiliari possedute dalla stessa "società catastale" (cittadino, azienda, ecc.) Devono essere elencate nel catasto.

Per tutte le attività economiche per le quali è prevista la verifica dei requisiti è necessario presentare una SCIA (permesso, licenza, concessione, autorizzazione o nulla osta, comprese le richieste d'iscrizione in albi ed elenchi).

Perizia: indagine svolta da un perito per determinare il valore di un immobile, l'autenticità di un'opera d'arte, ecc.

Permesso di costruzione: autorizzazione del Sindaco a eseguire lavori edilizi senza il pagamento di tasse.

Pertinenza: una parte autonoma di un edificio collegata all'edificio principale da una servitù, per volontà del proprietario e in uso effettivo. Può anche avere una propria rendita catastale. Ad esempio, un garage, una cantina o una soffitta in relazione a un'abitazione nello stesso edificio. Ai fini dell'Irpef e dell'imposta sui trasferimenti, gli immobili annessi sono equiparati all'immobile principale. Quindi, se acquistate un garage appartenente a una "prima casa", pagherete un tasso più basso.

Piano di ammortamento: in elenco delle scadenze e delle singole rate da pagare per un mutuo, solitamente suddivise in capitale e interessi.

Piano di recupero (Legge 1150/42): piano attuativo dettagliato a scala ridotta rispetto al PRG, con possibilità di esproprio di aree e regolamentazione delle attività edilizie.

Piano di ricostruzione (Legge 457/78): si tratta di un tipo di piano particolareggiato che essenzialmente liberalizza la burocrazia della pianificazione urbanistica in "aree urbane" limitate definite dai Comuni, con procedure accelerate che, tra l'altro, evitano l'approvazione regionale richiesta per i piani particolareggiati. Questo dovrebbe riguardare la ristrutturazione degli edifici, non la pianificazione urbanistica, e dovrebbe tenere conto del PRG.

Piano regolatore (Legge 765/67): un piano particolareggiato volto a subordinare l'edilizia privata alle opere di urbanizzazione (strade, parcheggi, reti elettriche e idriche, verde pubblico, ecc.), soprattutto per le aree scarsamente urbanizzate o in espansione, anche non autorizzata.

Planimetria: in topografia, lo studio dell'andamento della superficie terrestre rispetto a un piano orizzontale.

Porticato: un grande portico; una serie monumentale di portici.

Prima casa: nel linguaggio comune, sinonimo di abitazione principale. Nel linguaggio fiscale è un'altra cosa: rappresenta il primo immobile di proprietà o possesso di una persona per il quale è disponibile un credito d'imposta per il trasferimento (acquisto, vendita, eredità, donazione). Non è espressamente previsto dalla legge che debba essere adibito a residenza abituale del contribuente o dei membri della sua famiglia, anche se deve comunque trovarsi nel comune di domicilio. Il proprietario non può essere titolare, neppure per quote o in comunione con il coniuge, su tutto il territorio nazionale, dei diritti di proprietà, di uso, di occupazione, di abitazione e di nuda proprietà di un'altra casa di abitazione acquistata con le agevolazioni prima casa previste dalla normativa vigente e precedente.

Proprietà: terreni, fabbricati e in generale beni che non possono essere portati in un altro luogo senza che ne venga pregiudicata l'integrità.

Provvigione: la percentuale da corrispondere all'agente immobiliare per la sua intermediazione. La commissione, se non diversamente concordato, comprende le spese ma non l'IVA (20%) ed è a carico del venditore e dell'acquirente.

Quadrilocale: appartamento con quattro camere da letto; edificio residenziale con quattro zone abitative e aree di servizio.

Recesso: diritto potenziale rappresentato dalla possibilità data dalla legge a una o a entrambe le parti di risolvere un contratto mediante una dichiarazione unilaterale di volontà da comunicare all'altra parte (una delle cause di risoluzione consentite dalla legge).

Registrazione ipotecaria: un documento che annuncia il trasferimento di un credito ipotecario a un'altra persona (ad esempio, un'altra banca).

Regolamenti edilizi: Regio Decreto 383/34. Un insieme di norme che regolano le procedure edilizie del comune, il funzionamento e la composizione delle autorità, gli standard morfologici e tecnologici per la conformità delle costruzioni, gli indici edilizi (anche per zona), le caratteristiche degli interventi di recupero, le caratteristiche dei lotti edificabili, i requisiti degli impianti, ecc.

Regolamento dell'assemblea condominiale: lo statuto del condominio deve essere approvato dall'assemblea generale con il consenso unanime di almeno la metà dei partecipanti e della metà delle quote. Si limita a disciplinare l'uso delle parti e dei servizi comuni e non può derogare al Codice Civile. Può essere modificato con la stessa maggioranza dell'approvazione.

Regole condominiali: una norma condominiale che regola tutti quegli aspetti dell'uso dei beni comuni che non sono già previsti dal Codice Civile e che in alcuni casi può addirittura derogare al Codice Civile. Può essere di due tipi: contrattuale, se redatto dal costruttore o da tutti i condomini, e può essere modificato solo per consenso, e assembleare, se adottato a maggioranza da un'assemblea condominiale. L'acquisto di un condominio costituisce automaticamente accettazione del regolamento condominiale.

RENDIOB: rendimento medio delle obbligazioni. Può essere lordo (cioè senza la maggiorazione del 12,5% per interessi e commissioni) o netto. Il lordo viene utilizzato, anche se raramente, per calcolare le variazioni dei mutui.

Rendistato: il rendimento medio mensile dei titoli di Stato. Può essere lordo (cioè senza la maggiorazione del 12,5 per interessi e commissioni) o netto. Il lordo viene utilizzato per calcolare le variazioni dei mutui agevolati per l'edilizia pubblica e sovvenzionata.

Rendita agricola: rappresenta la capacità teorica di generare reddito dei terreni agricoli in base al tipo di coltivazione. In realtà, si tratta di un valore puramente astratto, non legato alle fluttuazioni dei redditi di mercato.

Rendita catastale stimata: la rendita catastale stabilita in via provvisoria dal contribuente.

Rendita catastale: il valore attribuito dal Catasto alla capacità di generare reddito da locazione da una specifica unità immobiliare. È la base per il calcolo delle imposte applicate a una casa. Oggi, per gli appartamenti, gli uffici e i negozi, è rappresentata dal prodotto di due cifre: la tariffa catastale e i vani catastali (per altri tipi d'immobili, il vano è sostituito dai metri cubi catastali). La tariffa determina il valore del reddito per vano catastale o metro cubo di un certo tipo d'immobile. Una superficie catastale, distinta dal termine "stanza" nel linguaggio comune, è un'astrazione burocratica: rappresenta una stanza media di 15-20 metri quadrati. In futuro, i vani e i metri cubi saranno sostituiti dai metri quadrati e le tariffe saranno adattate a questo nuovo metodo di calcolo. L'affitto moltiplicato per un certo numero (100 per gli appartamenti, 50 per gli uffici e 34 per i negozi) diventa il "valore fiscale o catastale", cioè la base imponibile su cui si calcolano le imposte su acquisti, vendite, successioni, donazioni e l'imposta comunale sugli immobili. A meno di modifiche limitate, le rendite attualmente in vigore sono ancora quelle stabilite al momento della loro introduzione nel 1992, ma aumentate del 5% dalla legge finanziaria del 1997. Si prevede una revisione completa in futuro.

Resa dominicale: rappresenta la capacità teorica di generare reddito su un terreno non sviluppato. È il prodotto del tasso dominicale per il numero di ettari di terreno. In realtà, si tratta di un valore puramente astratto che ha poca relazione con le fluttuazioni dei redditi di mercato.

Richiesta del numero civico: il numero civico identifica le singole unità di un edificio e ne consente la localizzazione e l'identificazione. È uno degli elementi necessari per il rilascio del permesso di costruire e deve essere presentato all'ufficio del registro, accompagnato da una fotocopia dell'estratto della planimetria catastale e del progetto. Una volta rilasciata la licenza edilizia, l'ufficio tecnico ne invia una copia anche all'ufficio anagrafe, che assegna un numero civico e lo comunica al titolare della licenza. La stessa procedura deve essere seguita quando si richiede un permesso di cambio d'uso o di ristrutturazione.

Rinegoziazione del mutuo: processo di rinegoziazione delle condizioni di un prestito (solitamente a tasso fisso) divenuto troppo oneroso per il debitore.

Risoluzione del contratto: l'annullamento di un contratto a causa d'irregolarità nella sua esecuzione. Può derivare dall'inadempimento di una delle parti, dall'incapacità di adempiere o da un eccessivo ingombro.

Ristorante: un locale pubblico dove vengono serviti i pasti (un locale di qualità superiore a una trattoria).

Ristrutturato: ciò significa che l'appartamento è immediatamente spostabile senza bisogno di opere murarie. Il termine viene utilizzato correttamente quando è necessario verniciare un appartamento. Se l'appartamento necessita di lavori interni e il condominio è ben tenuto, l'edificio può essere ristrutturato per iscritto nelle aree comuni.

Rogito: atto con cui un notaio trasferisce la proprietà di un immobile. Può assumere la forma di un atto pubblico o di una scrittura privata con firma autenticata.

Salone: una grande sala di ricevimento nei palazzi o nelle case lussuose: sala da ballo, salone da ballo; salone affrescato; negli appartamenti, una stanza più grande delle altre che funge da salotto.

Scia: la Segnalazione certificata d'inizio attività (SCIA) è stata introdotta in Italia dalla legge n. 122 del 30 luglio 2010, entrata in vigore il 31 luglio 2010, e sostituisce nella maggior parte dei casi la DIA (denuncia d'inizio attività).

Seminterrato: un piano di un edificio che si trova parzialmente sotto il livello del suolo.

Servitù: limitazione del diritto di proprietà di un immobile a vantaggio o per necessità di un altro immobile: servitù di passaggio, gravame su un immobile per garantire il passaggio a uso di un immobile confinante se quest'ultimo non ha altrimenti la possibilità o la facilità di accedere a una strada pubblica.

Sito: un gruppo di locali e servizi che costituiscono un'abitazione autonoma all'interno di un edificio.

Soffitta: lo spazio tra l'ultimo piano di un edificio e il tetto, utilizzato principalmente come deposito ma talvolta come abitazione (mansarda, sottotetto).

Soppalco: spazio di lavoro creato dalla divisione orizzontale di stanze di altezza considerevole; anche spazio sottotetto sotto un tetto.

Sottotetto: il piano di un edificio direttamente sotto il tetto; mansarda, sottotetto.

Superattico: il piano sopra il sottotetto e l'appartamento da esso ricavato.

Tassa sui rifiuti: una tassa dovuta da un comune per la raccolta dei rifiuti solidi urbani. Il suo ammontare può essere proporzionale ai metri quadrati dell'immobile o, più recentemente, alla produzione effettiva o presunta di rifiuti in base al numero di abitanti o al tipo di attività svolta nell'immobile.

Tasso a regime: il tasso d'interesse sul debito dopo un periodo limitato durante il quale viene applicato il tasso d'ingresso.

Tasso d'ingresso: il tasso d'interesse normalmente applicabile ai mutui e valido per un periodo di tempo limitato. In seguito è stata sostituita dalla cosiddetta tariffa forfettaria.

Tasso d'interesse variabile con tetto massimo: un tasso d'interesse variabile con una percentuale massima verso l'alto. Questo limite massimo è chiamato Cap Rate. Un mutuo di questo tipo costa naturalmente di più di un normale mutuo a tasso variabile.

Tasso d'interesse: il tasso d'interesse, espresso in percentuale, solitamente su un debito.

Tasso fisso: una formula secondo la quale il tasso d'interesse è fisso per tutta la durata del debito.

Tasso misto: una formula che consente al mutuatario di cambiare il tasso d'interesse da fisso a variabile o viceversa, di solito a intervalli specifici.

Tasso variabile: una formula in base alla quale il tasso d'interesse dipende dall'andamento di un indice di riferimento legato al costo del denaro. Se i tassi d'interesse aumentano, la rata aumenta; se diminuiscono, la rata diminuisce.

Terrazza: sporgenza o incassatura nel muro esterno di un edificio, chiusa da una balaustra o da una ringhiera e aperta su una o più portefinestre; in alcuni usi regionali è sinonimo di terrazza.

Trascrizione: deposito di una nota speciale nel registro fondiario in relazione a diritti reali su beni immobili o mobili registrati (ad es. automobili). Lo scopo della trascrizione è quello di registrare e far valere un diritto, un vincolo o una servitù nei confronti di terzi. Una cessione può essere effettuata solo con un atto pubblico o privato autenticato da un notaio o con una sentenza o un'altra decisione giudiziaria. Nel caso di compravendita, di norma è compito del notaio.

Tus (tasso di sconto ufficiale): il tasso d'interesse applicato dalla Banca d'Italia alle banche per il regolamento delle operazioni a breve termine. Dal 1° gennaio 1999 è pari al tasso di sconto fissato dalla BCE (Banca Centrale Europea), la banca responsabile della moneta unica europea. Anche se rara, serve come base per calcolare le variazioni dei mutui.

U.P.P.I.: associazione dei piccoli proprietari immobiliari.

Ufficio del registro: l'ufficio in cui devono essere registrati la costituzione di un diritto reale e l'iscrizione di un'ipoteca su qualsiasi tipo d'immobile.

Ufficio del Territorio: un'entità recente che riunisce gli uffici del catasto e i servizi di registrazione fondiaria.

Uno strumento sostitutivo dell'atto di notorio: dichiarazione sostitutiva di atto pubblico, autorizzata dalla legge in alcuni casi, resa davanti a un pubblico ufficiale che ha il compito di verificare l'identità del richiedente ma non la veridicità delle sue affermazioni.

Uso misto: per le autorità fiscali, ciò significa l'esercizio contemporaneo di attività definite diverse nello stesso edificio e quindi soggette a regimi diversi (fiscale, di sicurezza, urbanistico, antincendio, ecc.) Un esempio tipico è quello di un appartamento utilizzato anche come ufficio.

Usufrutto: un diritto reale che comprende la possibilità di godere di un bene anche se non è di proprietà. La sua durata può essere fissa o indefinita. Quasi sempre dura fino alla morte dell'usufruttuario, che deve pagare tutte le tasse e i costi della normale manutenzione e gestione dell'immobile fino a quel momento. Si differenzia dal diritto di abitazione in quanto quest'ultimo è personale e non trasferibile.

Usura: la legge del 7 marzo 1976 ha stabilito che i tassi d'interesse massimi ai quali si può prestare denaro o concedere credito devono essere pubblicati sulla Gazzetta Ufficiale ogni trimestre. Se questi tassi vengono superati, si commette il reato di usura. I tassi d'interesse sono fissati dalla Banca d'Italia e variano a seconda del tipo di prestito (anticipi, mutui, leasing, prestito in conto corrente, ecc.).

UTE: Ufficio tecnico del Tesoro.

Utilizzo: un diritto reale che comprende la possibilità di godere di un bene anche se non lo si possiede. A differenza dell'usurpazione, la possibilità di godere dei frutti della proprietà è limitata alla cerchia dei parenti stretti e dei coinquilini dell'usurpatore.

Valore catastale o fiscale: serve come base per tutte le imposte sugli acquisti e sulle vendite (imposta di registro, Iva, imposta ipotecaria e catastale) e per l'imposta annuale Ici da versare ai Comuni. Il valore catastale per le abitazioni è la rendita catastale moltiplicata per 100. Per i negozi (categoria C/1), la rendita viene moltiplicata per 34. Per gli uffici (categoria A10), viene moltiplicata per 50.

Vendita a corpo: la vendita viene effettuata indipendentemente dalle misure effettive dell'immobile.

Vendita a misura: vendita d'immobili sulla base di misurazioni. Non viene praticamente mai utilizzata nel caso di compravendite tra persone fisiche perché rappresenta un rischio notevole per il venditore: se un controllo successivo rivela una discrepanza tra quanto dichiarato nell'atto e la realtà, l'acquirente ha diritto a un risarcimento.

Vincolo urbanistico: limitazione delle normali possibilità di costruzione, ristrutturazione o di determinati usi dell'immobile.

Visura: panoramica dei documenti. Per i beni immobili, di norma vengono effettuate le seguenti procedure: ispezione catastale presso il catasto per stabilire i dettagli fiscali e geometrici dell'immobile, e ispezione ipotecaria presso il registro per verificare che non vi siano ipoteche iscritte sull'immobile.

Voltura catastale: variazione della proprietà o dei diritti sui beni immobili nel registro fondiario

Zona di recupero: un'area di recupero è una zona, definita dagli strumenti urbanistici, in cui sono presenti edifici fatiscenti da risanare o ricostruire.

Zona di sviluppo industriale: le zone di sviluppo industriale sono aree destinate alla concentrazione industriale intensiva.

Zona industriale: una zona industriale è una parte del territorio comunale destinata e attrezzata per insediamenti industriali.

Zona residenziale: per zona residenziale si intende un'area urbana soggetta a specifiche regole di circolazione per la protezione dei pedoni e dell'ambiente e delimitata da appositi segnali d'inizio e fine lungo le strade di accesso.

Zona sismica: una zona sismica è una parte del territorio, definita per mandato legislativo, dichiarata esposta a fenomeni tellurici, la cui gravità corrisponde a due categorie (zone sismiche di prima categoria, più esposte, zone sismiche di seconda categoria, meno esposte) o livelli di sismicità ($S = ...$). La zona sismica è soggetta a una legislazione specifica relativa alle costruzioni (legislazione sulle costruzioni antisismiche).

Zona: una zona è una parte del territorio comunale per la quale esiste una destinazione d'uso specifica determinata dagli strumenti urbanistici.

Zone territoriali omogenee: le zone territoriali sono aree in cui il territorio comunale è suddiviso per rispettare gli standard urbanistici (Decreto Ministeriale del 2 aprile 1968).

Biografia

Nicola Mario Fraccalvieri, nasce a Matera il 4 Settembre 1983. Diplomato Geometra all'Istituto Tecnico Commerciale e per Geometri "A. Olivetti" di Matera nel 2002. È un professionista contemporaneo e di apprezzato equilibrio. Da sempre è stato attratto dalla fantasia e dal design in tutte le sue forme: architettura, grafica e video. Ha curato varie tipologie di progetti di restauro, di nuove edificazioni, di ristrutturazioni, di interior design e progettazione del verde privato, consulenze tecniche d'ufficio presso il Tribunale di Matera, gestione dei patrimoni immobiliari. Oltre alle abituali attività di studio, ha sempre affiancato diversi interessi: scrittura, disegno artistico, formazione, partecipazione e organizzazione di eventi, convegni e seminari. Con il suo estro creativo ha veicolato idee in realtà costruendo nuovi modi di fare la professione e non.

Nel 2017 fonda Leelium, una società che ha l'obiettivo di organizzare un team di professionisti che possano rispondere alle esigenze dei clienti. Nella società sono presenti vari settori: progettazione, marketing e web, grafica, formazione e ricerca del personale, sicurezza sul lavoro, consulenza aziendale, fiscale e legale e gestione immobiliare.

Impossibile non rimanere colpiti dalla professionalità e dalla capacità del suo fondatore.